獅頭人身、毒蘋果與變化球
因果大革命

王一奇 著

The Lion-Man,
the Poisoned Apple, and
the Breaking Ball:
The Causal Revolution

三民書局

文明叢書序

　　起意編纂這套「文明叢書」，主要目的是想呈現我們對人類文明的看法，多少也帶有對未來文明走向的一個期待。

　　「文明叢書」當然要基於踏實的學術研究，但我們不希望它蹲踞在學院內，而要走入社會。說改造社會也許太沉重，至少能給社會上各色人等一點知識的累積以及智慧的啟發。

　　由於我們成長過程的局限，致使這套叢書自然而然以華人的經驗為主，然而人類文明是多樣的，華人的經驗只是其中的一部分而已，我們要努力突破既有的局限，開發更寬廣的天地，從不同的角度和層次建構世界文明。

　　「文明叢書」雖由我這輩人發軔倡導，我們並不想一開始就建構一個完整的體系，毋寧採取開放的系統，讓不同世代的人相繼參與、撰寫和編纂。長久以後我們相信這套叢書不但可以呈現不同世代的觀點，甚至可以作為我國學術思想史的縮影或標竿。

2001 年 4 月 16 日

推薦序

中正大學通識教育中心特聘教授
黃俊儒

　　有一次王一奇教授（我習慣叫他奇哥）聽我女兒說爸爸煮的義大利肉醬麵很好吃，他為了瞭解小女孩所言的虛實，他就考了我兩道問題：第一題，你用的是哪種番茄？第二題，如何將麵醬煮成那種血紅色的醬汁？奇哥大概打算用這兩道精緻的考題來瞭解，造成我女兒愉悅感的原因是不是真的基於我精湛的廚藝。因為有可能女兒這樣說，只是因為擁有一份給爸爸面子的孝心？或者是因為每次出現義大利麵都碰巧遇上她心情大好的時候？抑或是家裡存在一個未知的愉快磁場，每次煮義大利麵的時候剛好可以觸發這個磁場並間接導致食客心情愉快？看了這本書，我才瞭解這些看似再平常不過的日常對話，其實也是奇哥探索因果關係的一環。

　　對於很多人來說，在日常生活中確認了某種程度的因果關係，這樣的思考及措辭往往會讓我們的生活更加的篤定與安心。例如「原來這是這樣造成的！！」、「那事情的原因竟然是如此！！」等，因為瞭解某件事情的原因之後，就可以方便

地「促成」這樣，或是「避免」那樣，為我們徬徨的心情增加許多可控制感。就像最近防疫期間，每個人都不得不成為疫苗大師，需要決斷性地為自己選擇一支最適配的疫苗，這個時候不免就會出現許多關於「這支疫苗究竟會造成什麼結果」的推論，雖然有人會解釋「相關性」不等於「因果性」，但終究我們就是需要透過各種大大小小的蛛絲馬跡及推論來找尋各種事物之間的關連性，如果自認為關連性夠強了，再自動地把它升格成更為濃烈的「因果關係」，而這些關係的認定也就影響了每個人對於自己疫苗的選擇。

原本大家也就是這樣過得好好的，但是挑剔的哲學家就偏偏會在這個時候跳出來告訴我們，其實這些都只是人們心理上的幻覺，所謂的「相關性」及「因果性」在概念上並沒有辦法這麼輕易的一刀兩切，甚至有哲學家會更極端地主張，根本就不存在所謂的因果關係。哲學家的刁鑽雖然總讓人覺得是潑冷水大王，但是仔細想想卻又覺得不無道理，如果因果關係如此容易認定，那麼為什麼會在同一個新聞事件底下，會出現諸如「A 疫苗又造成了 X 人死亡」、「打完 A 疫苗後猝死」、「死亡與 A 疫苗無關」等差異甚大的暗示性新聞標題呢？

在這一本書中，奇哥用了許多鮮活的案例來說明錯綜複雜的因果關係，一方面幫讀者引介了較為古典的哲學家所建構的因果理論，以及這些說法所遭遇的難題，另一方面也幫我們端上本書的亮點主菜，闡釋近代哲學家又如何透過結合數學運算

（雖然本書並沒有動用到任何一條算式）所建構的因果模型理論，因此可以更加精準地詮釋因果關係，並解決過往的難題。閱讀本書，富含許多邏輯挑戰的樂趣，除了可以檢視自己平日一些常識觀點是否經得起檢驗之外，更可以運用在許多紛亂訊息及線索的判讀，推薦大家一起走進這個推敲因果的世界。

序言：笛卡兒與伯爾

> 想像的實在不同於謊言，而是人們所共同相信的某種
> 東西，而且只要這個共有的信念持續存在，想像的實
> 在便在真實世界中有所作用。　　　　（Harari 2015: 35）

　　獅頭人身像、毒蘋果與變化球，一個是三萬多年前史前人
類的雕塑作品，一個存在於白雪公主的童話中，一個是現代棒
球活動的產物，這三種東西有何共同點？這三個東西，都是人
類藉由想像力所創造出來的東西。哈拉瑞 (Yuval Noah Harari)
在《人類大歷史》（*Sapiens: A Brief History of Humankind*）一
書中，認為想像力在史前人類的認知革命中，扮演關鍵的角
色。而想像力所扮演的角色，不只是哈拉瑞所看重的創造出所
謂想像的實在物，如國家和貨幣等等，更成為我們人類瞭解真
實世界的重要基礎，尤其在瞭解世界中的因果關係上，扮演了
核心的角色。

　　對於因果關係的思考，滲入在每一個人生，喜、怒、哀、
樂的發生，影響每一個做與不做的抉擇，但這種在人生中扮演
如此重要角色的思考方式，在人類漫長的思想歷史中，卻總是

沒有明確的內涵，其思考正確與否的標準也從來沒有被建立，甚至對於如何進行這種思考的觀點也極為分歧，哲學家們對因果關係是否真的存在爭論不休，而許多科學家甚至拒絕承認它的存在。

但這一切，在二十世紀下半葉到二十一世紀初的因果大革命後，將徹底改變，本書將要訴說的正是這個由哲學家、流行病學家及電腦科學家所共同引發的因果大革命的歷史源由，而這個革命依舊是現在進行式。特別一提，本書初稿完成於 COVID-19 在 2020 年開始引發的重大流行病事件之前，而在這個 2021 年 COVID-19 依舊有重大影響的一年出版本書，也同時可以特別彰顯流行病學家對於因果大革命的貢獻。

這個因果大革命的歷史故事，聽眾是我們每一個人，我們每一個人也都參與其中，但對於科學家及一般人這兩種不同的身分，卻有不同的意義。

在過去的幾年間，我與臺灣進行實務研究的科學家們有許多交流，包含對科學家進行演講，以及參與科學家的演講。令人振奮的是科學家們對因果關係及因果概念有非常濃厚的興趣，也在研究實務及論文寫作中，引入因果關係及因果概念，但也看到臺灣的科學家們，依然對於他們所使用的因果概念太模糊而不具科學準確性，充滿內心的掙扎。而令人驚訝的是許多科學家們對因果大革命的蓬勃發展瞭解不多，許多他們所關心的因果議題，在因果大革命的架構下已經相當明確而淺顯易

懂，也具有簡單的可操作性。本書中對因果大革命的介紹，相信可以引導科學家們找到緩解內心掙扎的一個方向。

在人生的每一個時刻，我們總在因果判斷中尋找人生的方向及依靠，小到如何進行飲食控制，考慮有機飲食對身體健康的正面影響，大到國家的政策制訂，思考哪一個政策會使得臺灣的經濟再度起飛，又或看看過去成功的人物如何造就非凡的一生，想想要做什麼工作才能有穩定而美好的生活。本書中對因果大革命的介紹，不會直接提供這些問題的答案，但可以提供每一個人思考這些問題的線索，提示我們思考上的盲點會在哪個地方出現。

作為一個哲學家，訴說因果大革命的故事，也同時是在進行我個人哲學觀點的實踐：「哲學是在科學的進展及社會的變遷下，重新塑造人們對自己、他人與世界的想像。」另外，我答應過中研院鄧育仁研究員，我的故事裡不會出現任何一條數學方程式，我也履行了這個承諾。

喔！關於自序標題「笛卡兒與伯爾」中的笛卡兒（Réne Decartes），對以視覺為基礎的幾何學，建立了嚴格的算術表現方式，開啟了現代算術幾何的研究（笛卡兒座標之名，由此而來），並往前邁進成就了近代西方哲學的啟蒙。而關於伯爾（Judea Pearl），他在因果關係的研究上，做了與笛卡兒類似的貢獻，讀完本書你就會知道是什麼貢獻了。

獅頭人身、毒蘋果與變化球
──因果大革命

糾結：維爾麗特之眼

哲學家休姆（David Hume）認為，我們唯一可以觀察到的，只有事件發生的先後，而無法觀察到事件間的因果關係；哲學家羅素（Bertrand Russell）認為，因果關係不過是人類遙遠思想歲月所留下來的遺跡，但就像是目前殘存的某些君主體制，被誤以為留下來是無害的；即使我們認為，因果關係的思考與運用，在日常生活中是如此習以為常，但卻難以解釋為何因果關係在許多的現代科學中，如物理學及化學，似乎完全不占有任何重要的地位，也從未被嚴肅討論過。當因果關係如此難以掌握，維爾麗特的惡魔果實能力將帶領我們看得更清楚及更遙遠，欲詳究者可見《航海王》之 712 話。

　　人們時時刻刻都在為事物的發生尋找原因，在生活實踐與科學研究中皆然。分手後情侶們關心分手的原因為何（順便想想別人白頭偕老的原因為何）、落選的候選人關心落選的原因

是什麼（或許也會去分析別人勝選的原因）、某個小島居民平均壽命非常長的原因為何（山苦瓜真的可以防癌嗎？）、人類經濟活動是否是造成全球暖化的原因（以及牛放的屁是不是也算全球暖化的原因）。但讓我們捫心自問，我們真的知道「原因」到底是什麼意思嗎？恐怕絕大多數人都回答不出來（一般人和科學家大概都一樣）。若要你說，什麼樣的觀察數據才能成為「原因」的證據？原因是不是可以觀察得到？甚至為何你的關節痛不是下雨的原因？恐怕大家都很難說出個所以然。「原因」如此難解，大家卻又如此在意，難道是因為業障重嗎？（這也是一個關於原因的問題！）

1.1 數據中的微光——花生與井水

科學家們熱衷於探究原因，但對原因的探究往往是一個漫長而不見得有結果的過程，而且所得出的結果恐怕也不見得有重要的意義。為何探究原因是如此的艱難？以下我們將從兩個探詢原因的經典科學故事說起，來看看表面上很勵志的科學故事，在因果關係的議題上可以有多糾結。

■ 黃麴毒素與蛋白質

在 2004 年出版的《救命飲食》（*The China Study*，但談的是營養學研究成果而不是政治學論述）這本暢銷書中，兩位

坎培爾 (Colin Campbell & Thomas Campbell II) 教授描述了一個關於黃麴毒素與食物蛋白質攝取的故事，是一個以流行病學研究為起點，延伸至分子生物學研究的經典傳奇。1960 年代，為了解決菲律賓兒童營養不良的問題，國際組織規劃利用花生的高蛋白，作為菲律賓兒童補充蛋白質的來源。但有個潛在的問題，保存不當的花生容易有黃麴毒素 (aflatoxin)，而黃麴毒素是嚴重的致癌物質之一，尤其是肝癌。所以，這個推動計畫得同時解決兩個問題，一方面要用花生的高蛋白解決營養不良的問題，另一方面又要避免花生的黃麴毒素感染問題。

　　對研究人員來說，首要任務是弄清楚在菲律賓的人口中，哪些人有攝取到黃麴毒素，以及哪些人有得到肝癌。研究發現，當時菲律賓的市售花生醬含黃麴毒素是美國法規可接受的三百倍，但整顆販售的花生則沒有明顯的黃麴毒素污染，未超過美國標準。經調查，這個差別源於菲律賓花生加工廠的運作方式，長相漂亮的花生被挑選裝罐整顆販售，但賣向不佳以及有長霉的則被做成花生醬販售。研究進一步發現，食用花生醬的主要人口為兒童，而攝取花生醬越多的人口，得到肝癌的機率越高。

　　以上的研究似乎驗證了先前對於黃麴毒素的致癌性研究，但故事還沒完，接下去的故事令人聽來有點驚恐。研究人員發現，在菲律賓有高比例的孩童得到肝癌，但是在西方國家，肝癌主要的患者是四十歲以上的成年人。更令人疑惑的問題是，

調查顯示，這些得到肝癌的孩童，主要是那些高所得而提供較佳營養來源的家庭中的小孩，這些家庭提供較多的蛋白質（如動物性蛋白質）給孩童。換句話說，攝取較多蛋白質的孩童，就是那些主要得到肝癌的小孩。

這個結果令研究人員感到難以理解，因為根據國際調查，肝癌的發生一般與蛋白質攝取成反向關係，也就是說蛋白質缺乏是肝癌的指標。但菲律賓剛好相反，攝取越多蛋白質的孩童越會得肝癌，而解決菲律賓兒童營養問題的目標，就是要增加蛋白質攝取，這不就剛好適得其反嗎？

同一時間，研究人員注意到從印度發的一篇奇特研究報告，報告中描述兩組大鼠 (rat)，這兩組都被餵養一樣多的黃麴毒素，但其中一組被餵養蛋白質含量百分之二十的飲食，而另一組被餵養蛋白質含量百分之五的飲食。研究結果顯示，那一組吃蛋白質含量百分之二十飲食的每一隻老鼠都得到肝癌，但另一組沒有任何一隻得到肝癌。在餵養黃麴毒素的情況下，吃越多蛋白質，越易得肝癌。對大鼠來說，蛋白質是使得致癌物黃麴毒素發生「致癌」效果的元凶之一。後續的分子生物學研究顯示，蛋白質確實會透過影響代謝黃麴毒素的酵素，來影響肝癌的形成，但細節在此就不多說了。

補充說明

» 個例因果關係與類型因果關係

在文獻中，通常會區分**事件個例** (event token) 間的因果關係，以及**事件類型** (event type) 間的因果關係。事件個例一般被理解為事件類型的個別例子，例如「地震」這個事件類型的兩個事件個例是「今天早上的地震」以及「昨天早上的地震」；「房屋倒塌」這個事件類型的兩個事件個例是「今天早上的房屋倒塌」以及「昨天早上的房屋倒塌」。事件個例間的因果關係，例如「今天早上的地震造成今天早上的房屋倒塌」，一般稱為**個例因果關係** (token causation) 或是**真實因果關係** (actual causation)，這種因果關係是哲學文獻中討論較多的因果關係；事件類型間的因果關係，例如「地震造成房屋倒塌」，一般稱為**類型因果關係** (type causation)，科學文獻中討論較多的是這類因果關係。一般來說，本書中討論的是事件個例還是事件類型，在文意的脈絡上皆可被輕易區分。

井水與烏腳病

相對於黃麴毒素與蛋白質的研究，臺灣關於烏腳病與砷的研究，也是一個從流行病學為起點，延續到分子生物學研究的經典案例。

1950 年代，嘉南部分沿海地區鄉鎮爆發烏腳病疫情，引發政府重視，臺大醫院及公衛研究所被委任進行調查。臺大研

究團隊發現，烏腳病流行地區的居民有兩種井水可以飲用，一種為淺水井，深度為三到五公尺，另一種為深水井，深度為三十到一百公尺，因地層下陷，所以淺水井的水較鹹，因而居民多飲用深水井。研究人員發現，飲用深水井的居民得烏腳病的比例高於飲用淺水井的居民。而進一步分析淺水井與深水井的差異，發現深水井的砷濃度含量特別高。

研究指出，砷的攝取除了與烏腳病的發生有關，也與皮膚癌及其他內臟癌症有關，包含肺癌、腎臟癌等等。進一步研究發現，砷的攝取與動脈硬化相關，因而砷的攝取也與心臟病、腦中風、糖尿病、高血壓等疾病相關。後續研究更發現，因為砷進入人體後，會快速的分布全身，因而也與其他各種疾病的發生有所關連。

與砷相關的分子生物學研究及病理學研究持續進行中，研究成果非常豐碩，如砷會引發血管病變，因而造成病變血管周邊血液供應不足而導致烏腳病。其他更多的研究細節，在這裡就不多說了。

▐▌ 可以有多糾結

關於以上兩個科學研究的故事，一方面看來是一個漫長的科學研究成果簡短報告，另一方面，我們也看出這些研究在因果議題上的掙扎，可對研究成果提出一些思考上的省思。

■ 從相關性到因果性議題

在以上的兩個故事中，我們第一個可以省思的議題是所謂的從相關性（事件間伴隨出現）到因果性（事件間有因果關係）議題。從攝取黃麴毒素與肝癌的相關性存在，是否可得出黃麴毒素造成肝癌？（黃麴毒素是肝癌的原因）從飲用深水井水與烏腳病的相關性存在，是否可以得出深水井井水造成烏腳病？

相關性是否就是因果性這個議題，最明顯的對比是我們可以區分所謂的「指標」及「原因」。一個腹痛的孩童血液中白血球的數量超高，可被視為盲腸炎或其他體內病變的「指標」，因為白血球數量高與體內發炎有相關性，但白血球數量高不是盲腸炎的「原因」，而是盲腸炎造成白血球數量高。溫度計的讀數變化是溫度變化的「指標」，之所以是指標是因為溫度計的讀數變化與溫度變化有相關性，但溫度計的讀數變化不是溫度變化的「原因」，因為這個相關性來自於溫度計的讀數變化與溫度變化有共同的原因。

其實，訴諸相關性到因果性的推理，常常會具有誤導性。上醫院看病的人中有病的人，比例高於沒上醫院看病的人，所以上醫院看病是生病的原因？（請注意，這個推論模式與從深水井與烏腳病的相關性，推論到深水井導致烏腳病是一樣的。）年輕人中低薪的比例高於不年輕的人，所以年輕是低薪的原因？（若果真如此，我們就慢慢等老薪水就會變高了。）

相關性與因果性的問題，在先前的兩個科學故事中更顯複雜。就黃麴毒素與蛋白質的關係來說，飲食中蛋白質的比例會觸發黃麴毒素引起肝癌，在這個情況下，我們該說黃麴毒素引發肝癌（因而是肝癌的原因），還是說飲食中的蛋白質是肝癌的原因？這兩個說法好像都怪怪的，而或許我們的因果概念根本就是含糊不清，需要被更細膩的區隔。

不管如何，相關性是因果探究的一個重要數據及起點，而當科學家接收這個數據後，下一步究竟要怎麼做，才是重要的議題。

比例議題

雖然我們或許最終承認黃麴毒素會致癌，深水井水會導致烏腳病，然而，並不是所有吃那麼多黃麴毒素的人都會得癌症，也不是喝深水井水的人都會得烏腳病，如此看來，黃麴毒素真的是得癌症的原因？而飲用深水井水是得烏腳病的原因？如果是，為何有些人不會得？

在科學中探討「原因」的時候，常常不是全有全無的情況，而是一個比例的問題，所以科學家常說是「致病因子」而不說是「致病原因」。然而，我們便可進一步追問，對那些得病的人是因子，但對那些沒得病的人也是因子嗎？說「因子」來取代說「原因」，其實沒有讓事情變的更清楚。

因果判斷中的比例議題，背後顯現的是因果關係的**特異性**

(specificity)，所謂的致病因子或原因，只是針對特定的人口或東西才有致病性，而比例議題，顯現的是我們對於哪些人才會得病以及那些人為何得病，瞭解不夠深入，對於複雜的相關影響因素瞭解不多，需要更多的研究來發掘真相。

應用議題

　　而因果關係中的比例議題所引發的特異性議題，影響到因果判斷的應用議題。研究因果關係，有重要的實用目標，我們要藉以進行對未來的預測（執行死刑是否會降低犯罪率？）、行動的選擇（買 A 股票還是買 B 股票才會賺錢？），及政策的制訂（在幼稚園推動雙語教學，是否會增加未來公民的國際競爭力？）。當比例議題的現象存在（也就是並非全有全無），我們究竟該如何應用這個因果判斷？到底身處其中的行動者，應被判斷為是「有」的那一群，還是「無」的那一群？此兩者的差異，嚴重影響決策考量。

　　因果關係的特異性問題常常發生，因而在因果判斷的運用上也獲得許多關注。癌症的標靶藥物整體來說對治療癌症是有效的，但之所以稱為標靶藥物，是因為對特定癌症群體特別有效，而對另外的群體效果就不見得好，使用上得就因果的特異性進行考量。（某個教育方式整體來說是好的，但不見得適合你的小孩，因為教育方式具有因果上的特異性。）

數據議題

在科學研究中，數據有兩個重要來源，一個是藉由觀察取得，另一個是藉由實驗獲得，哪一種比較好？

1954 年，針對超過四十萬名美國兒童，進行小兒麻痺沙克 (Salk) 疫苗的隨機取樣研究，證實沙克疫苗的效果及安全性。一般的看法認為，這個大規模的隨機取樣研究，確認了小兒麻痺沙克疫苗的效果及安全性，然而，這個研究有何特質，可以提供這樣的確認？

有個在本書現階段聽來很淺薄的說法，試圖區分觀察數據與實驗數據的差別：「觀察數據是用**看** (seeing) 而得到的，實驗數據是用**做** (doing) 而得到的，所以有差。」這個說法聽來很瞎（請讀者試著提供三個很瞎的理由），但我將在本書中說明，這其實沒有那麼瞎。

數據議題是本書的一個核心議題，我們將以這個議題為出發點，來回答其他的議題，因果關係的特異性將是焦點之一，我在此就不多說，先對讀者們賣個關子，讓讀者有點想像的空間。

思考啟動

　　從數據到因果，是人類思考因果關係的重要特性，但要能確認（以及如何能確認），卻是一個漫長的過程，以下提供幾個數據讓大家思考。

● 據統計，一個國家的每人年均巧克力消費量，與該國人口中獲得諾貝爾獎人數的比例，呈現高度的正相關（正比）(Messerli 2012)，這是否代表人均巧克力消費增加，可使得諾貝爾獎的得獎人數增加？

● 胃潰瘍及十二指腸潰瘍患者，超過百分之八十五都有感染胃幽門螺旋桿菌。試問，感染幽門螺旋桿菌是胃潰瘍及十二指腸潰瘍的原因嗎？要如何才能確認呢？

● 每日的溫差越大或是溫度越高，躁鬱症病人入院治療的機率就越高 (Sung *et al.* 2013)。試問，溫差大或是溫度高，是躁鬱症病人入院治療的原因嗎？

● 黃麴毒素對大鼠的致癌性高，但對小鼠（mice，如白老鼠）幾乎沒有致癌性 (Steel 2007: 82)。這沒有搞錯嗎？黃麴毒素不是致癌物嗎？如果黃麴毒素對小鼠不會致癌，那還算是致癌物嗎？

● 1928 年秋天，英國科學家弗來明 (Alexander Fleming) 在假期過後，發現假期前培養的葡萄球菌遭綠色黴菌污染，而在綠色黴菌附近的細菌都死了。話雖如此，但其實我們觀察到的

只是葡萄球菌死亡與綠色黴菌的相關性，而不是綠色黴菌導致葡萄球菌死亡。

🐾 關於咖啡與癌症的研究，關於紅酒與心血管疾病的研究，相關數據多到自相矛盾。

1.2 看似無害的遺跡

考慮一個簡單的實驗設計，有一個實驗組 E，實驗組服用藥物 X，一個對照組 C，對照組沒有服用藥物 X。這種形式的實驗設計在自然科學中非常常見（在生活中也常被運用），也是我們從小到大在學習科學中常做的實驗。但我們不禁要問，為何要進行這樣的實驗？這樣的實驗設計到底有何優點？針對這些問題，讓我們從這種實驗有何用途來說起。

首先，我們來考慮經由實驗所得到的以下結果。

┃ 結果一 ┃ 在經由服用藥物 X 後，實驗組 E 三個月內的存活率為 a。

┃ 結果二 ┃ 對沒有服用藥物 X 的對照組 C 來說，三個月內的存活率為 b。

根據結果一及結果二，我們可以考慮推論出以下的結果。

┃ 結果三 ┃ 藥物 X 對實驗組三個月內存活率的因果影響為 $(a-b)/b$（a 減 b 除以 b）。

讓我們延續文獻上的用法，稱從結果一及結果二到結果三的推論為**比較三段論**（comparative syllogism，參見 Wang & Ma 2014）。我還沒有交代這個推論是否恰當，但細心的讀者應會發現，這個推論有許多詭異之處。如果讀者沒有覺得以上的推論有奇怪的地方，我希望以下的說明可以讓你覺得這個推論真的很不尋常；而如果讀者已經覺得以上的推論確有蹊蹺，我希望以下的說明讓你發現，如此有蹊蹺的推論卻是科學與日常生活中所常見而不可或缺（所以，我們不可或缺的使用了有問題的推論）。

■ 因果推論中沒被定義的因果概念

讀者可以發現，在比較三段論的結果三中，出現了一個結果一及結果二沒有出現的字眼「因果影響」，而這個字眼是沒有被定義的。結果一及結果二是經由實驗後可被觀察到的結果，但我們卻利用所觀察到的結果一及結果二，來推論出包含未定義概念「因果影響」的結果三。在科學與日常生活中，雖然我們常進行各種推論，但推論到一個未完全定義的結論（像是結果三），不是一件很奇怪的事情嗎？

在進一步細究這個奇特的推論之前，我們可以從不同的方式來重述結果三，以下是幾種可能的重述。

| 重述甲 | 因為實驗組 *E* 服用藥物 *X*，**使得**實驗組的三個月內死亡率

從 b 變成 a。

| 重述乙 | 因為實驗組 E 服用藥物 X，**造成了**實驗組的三個月內死亡率從 b 變成 a。

| 重述丙 | 因為實驗組 E 服用藥物 X，是實驗組的三個月內死亡率從 b 變成 a 的**原因**。

| 重述丁 | 實驗組的三個月內死亡率從 b 變成 a，是實驗組 E 服用藥物 X 的**結果**。

不論我們是用使得、造成、原因及結果等因果關連概念，來對結果三進行重述，我們都是再一次用了未被定義的概念，我們將這些概念統包在因果概念的大帽子下，而像這種從結果一及結果二到結果三的推論，我們也就統稱為因果推論。

在推論時使用未被定義的因果概念，並非不太常見的動作，而從所觀察到的現象來進行因果推論，應該也司空見慣。近年來，臺灣中南部許多地方飽受小黑蚊的侵襲，我個人觀察到使用農藥耕作較多的地方，遠比沒有使用農藥的地方，有更多的小黑蚊，所以我個人推測，農藥的使用導致小黑蚊的數量增加，這個推測顯然來自於一個因果推論，雖然這個推論你不見得同意，甚至不見得是真的。然而，這個因果推論就像先前的因果推論一樣，源於兩類的觀察現象，一方面是對於使用農藥地區的小黑蚊觀察（就像實驗組），另一方面是對於沒有使用農藥地區的小黑蚊觀察（就像是對照組），而在結論中卻使

用了「導致」這個未定義的因果概念。

　　在腦科學的發展中，其中一個著名案例是蓋吉 (Phineas Gage) 受傷事件。在 1848 年的一場工地意外中，一根長鐵棍插入蓋吉的臉頰，穿過左眼後方，由額頭上方的腦殼穿出，經治療後雖左眼失明但奇蹟恢復健康，然而蓋吉的心智狀態卻產生重大改變。蓋吉本來是一個人緣好而負責任的員工，但受傷康復後變的反覆無常、沒禮貌、沒耐性等等，而基於蓋吉受傷的腦部位為前額葉 (frontal lobe)，所以推測蓋吉的前額葉受傷是他心智改變的原因。當實際上所觀察的現象是蓋吉前額葉受傷康復後的心智狀態（就像是實驗組），與受傷前的心智狀態（就像是對照組）有所不同，所以推論出是前額葉受傷造成的心智變化。

　　讀者們可以在日常生活中及所學到的科學知識中，找到更多因果推論的例子，來顯示因果推論在生活及科學中是如此的頻繁而深具重要性。然而，如此重要的一個概念，竟是缺乏定義的，這不禁令人極度吃驚嗎？

　　我們換個方向來看待因果概念缺乏定義所帶來的後果。當我們從結果一及結果二推論出結果三，以及在各種因果推論的例子中，我們由觀察到的現象推論出一個因果關連的論述，很顯然的，我們希望推論出某種被觀察現象背後所代表的意涵，然而基於缺乏因果概念的意涵，我們到底推論出的結論是「什麼」，便顯得難以理解，不是嗎？如果讀者自認清楚的知道因

果結論的意涵，可以試著說說看，你將發現，除了用「造成」來取代「因果」，用「導致」來取代「造成」，用「使得」來取代「導致」，我們難以變出新花樣，事實上，試著用因果關連概念來解釋因果概念，我們不可避免的陷入因果概念循環(causal loop) 中，不得其門而出。

因果推論的無效性

現在，讓我們針對比較三段論這種論證來進行仔細檢查。這個論證有一個極重要的推論特性，在邏輯術語上稱之為**無效論證** (invalid argument)，讓我來進一步解釋。

在邏輯理論中，將推論區分為兩大類型，一種為有效論證，另一種為無效論證。任一個論證由前提及結論所構成，一個論證為有效，指的是不可能前提為真但結論為假的論證，反之則為無效論證。典型的有效論證，例如，我們由前提「如果小美有來上課，則張三也有來上課」以及前提「小美有來上課」，推論出結論「張三也有來上課」。在這個論證中，不可能前提真而結論假，想像一下，假定「如果小美有來上課，則張三也有來上課」以及「小美有來上課」為真，但「張三也有來上課」為假。基於「小美有來上課」為真而「張三也有來上課」為假，這代表「如果小美有來上課，則張三也有來上課」為假，因而與假定「如果小美有來上課，則張三也有來上課」為真相矛盾，所以不可能出現「如果小美有來上課，則張三也

有來上課」以及「小美有來上課」為真，但「張三也有來上課」
為假的情況。

依照有效論證的定義，不可能前提為真但結論為假，換句
話說，當前提為真則結論必定是真的，所以在邏輯學中我們說
有效論證具有「真理保存」(truth preservation) 的功能。讀者應
可進一步追問：「真理保存有什麼好處？」真理保存的一個重
要功能，其一是讓我們能「發現」前提中所包含的真理，因為
這些前提中的真理實際上不見得容易看出來，其二是讓我們能
「驗證」我們從前提中所看出的真理，確實是前提中所隱含的
真理。考慮所謂的自然數，也就是 0、1、2、3、4、⋯⋯一直
下去的那些數，我們可以利用以下的有效論證，來證明沒有最
大的自然數。

> 假設有最大的自然數，稱為 n。因為 n 是自然數，所以
> $n+1$ 也是自然數。然而 $n+1$ 大於 n，所以 n 不是最大的
> 自然數，因而與假定相矛盾。基於假設有最大的自然數
> 會導出矛盾，所以沒有最大的自然數。

以上的證明是一個有效論證，其中用了三個關於自然數的隱含
假定，分別是「某個自然數 x 加 1 也是自然數」、「任一自然
數 x 加 1 會大於自然數 x」、以及「當某個自然數 x 大於 y，y
不是最大的自然數」。

對科學的典範，也就是數學來說，所有的證明只用有效論證，從精準的數學前提及數學定義推導出數學結論，只要假設數學前提及定義成立，數學結論絕不會錯，所以稱其為「科學典範」毫不為過。然而，在我們日常生活及非數學的科學中，我們所進行的推論常常不具有真理保存這種有效論證的美好性質。

許多無效論證是令人難以接受的推論，即使我們接受其前提，也難以接受其結論。一廂情願的推論模式是典型難以令人接受的推論，例如張三基於內心對小美的愛慕，所以推論出小美一定也在內心愛慕著張三，這種無效推論的不當性，相信無須多說；基於偏見的推論模式也是典型無效又難以令人接受，例如張三基於李四沉默寡言，所以推論出李四是一個內心陰險的人。

相較之下，當我們接受了某個有效論證的前提，我們似乎沒有任何好理由不接受其結論，但這樣的說法在有些情況下值得進一步商榷。在某些情況中，即使是有效推論，我們也不見得會接受其結論。許多的悖論是由有效論證所推論出，例如可經由有效推論，推導出語句「括弧內的這句話是假的」既是真的也是假的（這是個典型的真理悖論案例），但這卻是難以令人接受的結論，而有些哲學家會因為這個結果難以令人接受，而對有效論證的運用進行一些修改，本書中將不對這個議題進一步探討。

在非數學的科學中，卻充斥著廣為被接受的無效推論，這

些推論被認為是好的科學推論模式，其中一個是我們從小到大被耳提面命的科學歸納法，從某個性質在某種東西上的不斷重複出現，結論出所有那一類的東西都具有這種性質。在天鵝的原始分布中，北半球只有白天鵝，所以在大航海時代之前，歐洲人基於對許多隻天鵝的觀察，得出所有天鵝都是白的這個科學歸納結論，而在南半球發現的黑天鵝證明這個科學歸納的結論為假。

　　科學歸納法明顯是無效論證，當科學歸納的前提為真（所有歐洲被觀察到的每一隻天鵝都是白的為真），並不保證結論也為真（所有的天鵝都是白的為真）。即使某個歸納結論尚未被證明為假（所有人類的身高都在三公尺以下），也不代表這個結論一定是真的。

　　科學哲學家始終有個疑惑：「當一廂情願的推論與科學歸納法都是無效論證，為何科學歸納法的論證優於一廂情願的論證呢？」科學家與科學哲學家不同，科學家是務實主義者，當科學歸納法實質上有益科學知識的進展，科學哲學家疑惑的問題不會真的進入科學家的腦海中，讓科學家躊躇不前。然而，對於比較三段論這種形式的推論，它顯然是一種無效論證，而在科學的歷史中，科學家對其卻抱持著莫名的排拒態度。

　　關於比較三段論，其推論上的無效性可以藉由以下的例子來顯示。氣壓計作為一個科學儀器，可用來偵測天氣的變化，當氣壓計的讀數產生劇烈變化，代表不遠的未來會有劇烈的天

氣變化。當我們觀察到氣壓計的讀數劇烈變化時天氣有劇烈變化（就像是實驗組），以及氣壓計的讀數沒有劇烈變化時天氣也沒有劇烈變化（就像是對照組），比較三段論歡迎我們推論出以下錯誤結論：「氣壓計的讀數劇烈變化，造成天氣的劇烈變化。」（但是若你堅持「氣壓計的讀數劇烈變化造成天氣的劇烈變化」是成立的，我會說你不只對「造成」這個因果概念完全沒概念，也不瞭解氣壓計是什麼樣的一種科學儀器。）

氣壓計讀數與天氣的變化間，確實是有所連結與相關的，否則氣壓計不具有天氣預測的功能。然而，科學家也清楚的知道，具有「相關性」(correlation)，不代表具有因果關係，在文獻上，稱為「相關不等於因果」(correlation is not causation)。而這個相關不等於因果的現象，讓科學家對因果關係作為一個科學概念敬而遠之。畢竟，如果比較三段論無法保證所得出的因果結論是正確的，我們或許應避免使用比較三段論這種推論模式（有些科學家如是說）。

補充說明

》無效論證的價值

日常生活及科學中，充斥了許多無效論證，而無效性一般被歸類為對論證的負面評價，但其實無效論證有其積極而正面的特性，非用不可。

　　簡單來說，有效論證的特性是真理保存，讓我們經由推論來發現前提中隱藏的真理，但這些真理只是隱藏在前提中，已被前提所表述，只是我們不見得看得出來，而有效推論提供我們從前提中擷取 (extraction) 真理的工具。

　　雖然許多無效論證非常的不恰當，但有些無效論證是「好的」論證型態，例如科學歸納法，這些好的無效論證不是在進行真理擷取，而是在進行真理發現 (discovery)。好的無效論證結論若為真，這個結論的真並不包含在前提中，所以好的無效論證提供我們一個真理「跳躍」的功能，從現有的真理來發現新的真理，結論中的新真理與前提有關連，但不包含在前提中。科學研究不得不用好的無效論證，因為好的無效論證有導引我們發現新真理的功能，但哪種無效論證的導引才是好的導引，以及為何某種無效論證的導引比其他無效論證的導引更好，依然是學者們研究中的謎團。

▍看不見的因果關係

　　對於因果推論與因果關係最大的質疑，來自於一個更嚴酷的事實：「我們觀察不到因果關係。」我們觀察得到實驗組與對照組在服用藥物 X 與否下的存活率，我們觀察得到蓋吉在前額葉受傷復原後與受傷前的心智差異，我們也觀察得到女性每日喝超過兩杯咖啡與否在心血管疾病上的差異，但是我們觀

察不到藥物 *X*「造成」對照組存活率的改變，觀察不到蓋吉前額葉受傷是他心智改變的「原因」，也觀察不到女性每日喝超過兩杯咖啡「減少」女性心血管疾病發生的機率（如果真是如此的話）。原因，我們觀察不到，又如何驗證？難道科學不再實事求是？讓我們再次重申疑惑：「為何一個實驗中需要實驗組與對照組？」

關於觀察不到的因果關係，著名的十八世紀英國哲學家大衛休姆，在其名著《人類悟性探微》(*An Enquiry Concerning Human Understanding*) 一書中，對此有極其深刻的描繪。

當我們觀察外在的事物，而且考慮「原因」如何運作，我們從未能在任何一個例子中，發現任何因果力或是因果關係，這種所謂因果力或是因果關係，指的是一種將結果連結到原因的特性，這種特性使得結果不可避免的基於原因的出現而發生。我們唯一可以觀察到的，只有實際上某件事先發生，而後另一件事後發生，就像是觀察到一顆移動的撞球先接觸了另一顆靜止的撞球，而後靜止的撞球開始移動。這種關於事件有先有後的觀察，也就涵蓋了一切我們可以對外在事物的所有觀察了，而除了這些誰先誰後的觀察，我們的心靈中並沒有任何關於事件發生先後之外的感覺或是印象。總結來說，沒有任何一個原因或是結果真的存在，也沒有任何觀察現象

可引導我們覺察到因果力或是因果關係。

　　　　　　　　　　　　　　　　　　　　(Hume 1748: 46)

作為一個因果關係的懷疑論者（至少從這個段落來看），他秉持一個很重要的原則，**任何不可被觀察的現象都不存在**，而既然因果關係無法被觀察到，所以沒有所謂因果關係存在。

　　在休姆對於因果關係的討論中，我們可以在細節上看到與物理學及科學的連結。對休姆來說，因為觀察不到因果力，所以沒有因果力存在（讀者可以捫心自問，有看過因果力嗎？）對物理學以及眾多科學來說，「因果力」不是一個被需要的概念，物理學中有各種的力，如電力、磁力等，這些「力」的概念可以被各種方式來定義（例如由物體的質量及加速度來定義），但科學中不存在「因果力」，而缺乏「因果力」似乎也無損於科學的進展，所以因果力所造就的因果關係，既沒有存在的必要性，也就根本不存在。

　　因果關係在科學中不具有必要性，二十世紀英國哲學家羅素，在其〈論原因這個概念〉(On the Notion of Cause) 一文中，有類似的觀察。

　　　　所有領域的哲學家們，都想像因果關係是科學的基礎原
　　　　理，或是基本假設，但奇怪的是，在高等科學中，像是
　　　　天體力學中，「因」('cause') 這個字從來沒出現過。在

他所著的《自然主義與不可知論》一書中，伍德（James Ward）博士利用因果概念的缺乏來批評物理學，他認為物理學家試圖探究世界的最終真理，理應是去發現世界中的因果關係，但物理學從來沒有試圖去尋找因果關係。但對我來說，哲學家們應該不要再將因果概念視為一個合理的概念，因為物理學家之所以不再尋找因果關係，正是源自於根本沒有這種玩意。因果定律這種東西，就像是很多其他符合哲學家需求的概念，是遙遠歲月前留下來的遺跡。就像是目前殘存的一些君主專制政體，它之所以能留下來，是源於誤以為留下來是無害的。

(Russell 1913: 1)

要印證羅素的話不難，我搜尋過三大冊一千多頁的《費曼物理學講義》(*The Feynman Lectures on Physics*)，'cause' 這個字出現共五次，其中三次與疾病的討論相關但與物理學無關（有趣的是，'because' 出現七十九次）。顯然 'cause' 這個字在物理學中不具有重要地位，因果關係也從未在物理學中扮演重要的理論基礎地位。

◾ 小　結

從實驗設計的因果推論為起點，對因果推論提出三點質疑，首先是因果相關概念沒有精確的定義，所以到底因果推論

的意涵為何，使人難以掌握；其次為因果推論的推論無效性，這個無效性究竟是如一廂情願般的推論為有害，還是如科學歸納法般有益，尚且未給定論，但在科學的歷史上，許多科學家通常是對其避之唯恐不及；最後是因果關係不具可觀察的特性，使人對其是否真的存在產生質疑，而且在物理學中顯然因果關係不具有任何重要的理論意義。

　　在邁入下一章更匪夷所思的討論前，請各位讀者試著進行以下相關的思考及工作，對本章的內容或有進一步的掌握。

思考啟動

- 在某次的新聞廣播中，播報人員提供了以下的新聞：「根據研究，人工生殖的嬰兒，比起非人工生殖的嬰兒，多出百分之三十的先天缺陷，所以人工生殖造成嬰兒多百分之三十的先天缺陷。」請試著判斷，這個新聞中的因果推論是否合理。

- 試著從因果推論的角度，分析臺語中「抹生牽拖歹厝邊」的意涵。

- 請在網路上搜尋 "association is not causation" 或 "correlation is not causation"，並找出三個有相關性，但卻不具因果性的例子。

第 2 章／*Chapter 2*

序曲一：呼叫不存在的事實

關於因果大革命的故事，將從哲學家休姆的因果理論開始說起。休姆有兩個因果關係的理論，其一是規律連結因果理論，但這個理論無法區分事件之間的關係究竟只是單純的相關性，還是事件間具有因果關係；其二是反事實因果理論，而這個理論在路易士 (David Lewis) 所設定的非回溯性反事實思考條件下，可以區分相關性及因果關係。另外，在因果關係的考量之外，也要來說說反事實考量無所不在。

在關於因果關係的哲學討論中，英國哲學家休姆扮演了無人能比的奇特角色，一方面，他是個因果關係的懷疑論者，認為不存在一般人所謂的因果關係；另一方面，他又對所謂的因果關係，提出他心目中認為的正確概念，因而哲學家們對於休姆在因果關係上究竟是什麼立場，多有爭論。撇開這個哲學史面向上的議題不談，休姆在《人類悟性探微》一書中，勾勒了以下對於因果關係的看法，雖然就休姆行文的方式來看，休姆

本人認為是表達了「一個」對因果關係的看法，但就後續的哲學發展來看，其實潛藏著兩個看法，只是休姆沒有看出來罷了。

> 或許我們可以把因果關係，定義為某個先前事件之後跟隨著另一個後續事件，而且與那某先前事件相類似的事件，也都跟隨著與另一後續事件相類似的事件。換句話說，如果那先前的事件沒有發生，那後續的事件也就不會發生。 (Hume 1748: 56)

休姆認為，我們一方面可以把因果關係看成是類似事件間前後發生的規律性，但是另一方面，休姆又將所謂的「**反事實考量**」引入因果考量之中，這兩個對因果關係的思考方向，在後續的哲學討論中引發了截然不同的發展。

2.1 休姆二刀流之一：規律連結因果理論

2016 年 2 月 6 日凌晨 3 時 57 分，高雄美濃發生芮氏規模 6.6 強震，造成臺南市永康區維冠大樓倒塌，震驚全國。「高雄美濃強震」及「臺南維冠大樓倒塌」是兩個真實發生的事件，但何以宣稱高雄美濃強震「造成」臺南維冠大樓倒塌？宣稱高雄美濃強震「造成」臺南維冠大樓倒塌，不只是宣稱有兩個事件發生，也宣稱了兩個事件間有因果關係，但宣稱此因果關係的

理據何在？

　　根據規律連結因果理論 (the regularity theory of causation)，宣稱高雄美濃強震造成臺南維冠大樓倒塌，其實是做了以下三個宣稱：

1. 「高雄美濃強震」發生的時間早於「臺南維冠大樓倒塌」。
2. 「高雄美濃強震」的發生與「臺南維冠大樓倒塌」的發生具有時空相近性。
3. 與「高雄美濃強震」相類似的事件，總是伴隨著與「臺南維冠大樓倒塌」相類似事件的發生。

對於規律連結因果理論來說，這三個與因果關係有關的宣稱，更有其必要性及獨立的重要意涵。雖然規律連結因果理論是一個古老而不再具有吸引力的理論，但是仔細推敲這個理論的內涵，將有助於鋪陳後續因果大革命的開展，也可以消弭許多人（包含許多科學家）對規律連結因果理論不切實際的幻想，所以請讀者容忍我任性地在這個議題上多說點東西。

| 規律連結因果理論 | 事件 c 是事件 e 發生的原因，代表以下三個條件皆成立：

1. 事件 c 發生的時間早於事件 e。
2. 事件 c 的發生與事件 e 的發生具有時空相近性。

3. 與事件 c 相類似的事件，總是伴隨著與事件 e 相類似事件的發生。

　　針對「c 是 e 的原因」這種形式的宣稱，規律連結因果理論首先設定「時間序列條件」，要求 c 在 e 之前發生。這個基本設定具有廣泛的被接受性，根源於人們不接受現在可以改變過去，或是未來可以改變現在，或是未來可以改變過去，也就是拒絕所謂的「逆轉因果關係」(backward causation)。然而，讀者們可以再思考一下，除了作為一個因果關係的假定，為何我們不接受逆轉因果呢？

　　拒絕逆轉因果其中一個可被考慮的理由，也是支持規律連結因果理論中條件一的一個可能理由，來自於我們從來沒有觀察到逆轉因果的現象，因為我們只能觀察到先前發生的事件與後續發生的事件間的規律連結。然而，對規律連結因果理論來說，這個理由是否有說服力，有待進一步釐清。假定規律連結是一種機率相關，代表的是事件間有高度機率相關性，因而我們可以基於觀察到事件間的高度機率相關性，從先前發生的事件，規律地連結到後續發生的事件；相同的，我們也可以基於觀察到事件間的高度機率相關性，從後續發生的事件，規律地連結到先前發生的事件。我們既可以觀察到天氣的劇烈變化在機率上高度相關於氣壓計讀數的劇烈變化，也可以觀察到氣壓計讀數的劇烈變化高度機率相關於天氣的劇烈變化，因此當我們可以從氣壓計讀數的劇烈變化連結到天氣的劇烈變

化，我們也可以從天氣的劇烈變化連結到氣壓計讀數的劇烈變化。

另一個拒絕逆轉因果可被考慮的理由，來自於另一個人類對自然界所做的假定，我們假定過去發生的事不能被改變，而這種過去的不變性，使得逆轉因果不可能發生。這種過去不變性，再搭配上想像未來是尚未被決定而具有各種開放的可能性，也就是未來可變性，同時也一舉說明了為何因果關係是朝向未來，而不可朝向過去。

考慮規律連結因果理論所設定的第二個條件，要求「因」與「果」具有時空的相近性，這反映了規律連結因果理論支持者的一個核心假定，認為因果關係純粹是由人類的心靈能力所建構，根本不存在於自然界之中，不屬於自然現象的一部分。這種想法在物理學家馬赫（Ernst Mach，就是音速計算單位的那個「馬赫」）對因果關係的描述中展露無疑。

> 在自然界之中，沒有所謂「因」，也沒有所謂「果」，自然界中只有一個個的單一事件存在，自然界簡單來說就是那些存在事件的總和。所謂因與果的連結，只存在於我們心靈中的某種抽象思考能力，這種心靈能力有意圖地重構事件間的規律連結，構作出事件 A 總是與事件 B 連結，也就是說，構作出類似的情況下類似的結果重複發生。
>
> (Mach 1883: 483)

對馬赫來說，因果關係只存在於人類心靈的抽象想像中，是我們對自然界事件中某種規律性連結的建構。

或許時空的相近性是建立所謂規律連結的重要特性，因為人類心靈的抽象想像力有其限制，傾向把時空相近的事件進行某種連結，就像我們不會認為遙遠的冥王星與地球的地震有因果關係。然而，到底「時空相近性」需要多近，則是一個未被清楚定義的概念。在二十世紀的物理學中，這個時空相近性的特性，可重新被考量。例如在混沌理論，蝴蝶效應指的是系統對於初始狀態 (initial state) 的敏感性，意指在初始條件上非常微小的差別，也可能導致系統性質最終巨大的差異。天氣系統即為這樣的一種系統，因往往在測量上微小的誤差，導致預測嚴重失真，用一種或許稍嫌誇大的比喻，北京一隻蝴蝶揮動翅膀，或許是一個禮拜後大西洋颶風的成因。而蝴蝶效應，作為一種因果效應，雖然不具有時空的相近性，但卻可從嚴格的物理學方程式中被看出。

規律連結因果理論的第三個條件具有核心重要性，因為需要利用這個條件，來排除將任兩個時空相近的先後事件視為因果事件，例如將張三走進電梯而李四走出來視為因果關連事件，或是將我摸了鼻子三分鐘後下大雨視為有因果關係（但長官下令後士兵往前衝不在此限），但這個條件卻也極具爭議性。

第三條件宣稱，c 是 e 的因，必須類似的 c 發生後，皆有類似的 e 發生，但何謂類似？美濃大地震，與日本福島三一一

大地震，算不算類似？我們從很「窄」的面向來看相似性，沒有任何事是相似的，因為至少發生的時空環境有別，在這麼窄的相似性意涵下，與任一 *c* 及 *e* 相似的事件也只有 *c* 及 *e* 自己本身而已，所以第三條件形同虛設。或許，我們可以從很「寬」的面向來看相似性，美濃大地震與手榴彈落地爆炸引發的震動類似，但手榴彈落地爆炸之後不會有房子倒塌，所以條件三大概極難被滿足。這裡或許有點求疵，但請把重點放在，要能宣稱美濃大地震造成房屋倒塌，根據規律連結因果理論，我們得去看一堆地震（要看幾級以上的呢？），看看是否都伴隨房屋倒塌（要倒幾間才算呢？半倒算嗎？）。

雖然規律連結因果理論的三個條件都有一定程度的爭議性，但或多或少都有令人同意的地方，甚至規律性是發現因果性的重要來源。而對規律連結因果理論最致命的打擊，來自於所謂**共同因的難題** (the problem of common cause)，此難題和相關性與因果性議題直接相關。

| 共同因的難題 | 在我們所觀察到的兩事件 *A* 及 *B* 看起來的相關性中，有許多是兩事件間實際上沒有因果關係，而是第三事件 *C* 與這兩個事件個別有因果關係，因而使得兩事件間看起來有相關性，在這情況下，我們稱 *C* 為 *A* 及 *B* 的共同因。而共同因的難題，就是針對相關的兩事件 *A* 及 *B*，如何辨別究竟是兩事件間有直接因果關係（*A* 是 *B* 的因，或 *B* 是 *A* 的因），因而有相關性，還是因為有第三事件為這兩個事件

的共同因，因而使得兩事件間看起來有相關性。

以下關於共同因難題的例子，是哲學家們專門用來嘲笑規律連結因果理論的例子，雖然不甚莊重，但對於看透因果問題確有很大的助益。

根據規律連結因果理論，今早我家公雞叫是十分鐘後天亮的原因，因為我家公雞每天早上叫後，沒多久太陽就升起了（與規律連結因果理論的觀點相反，一般認為雞叫與太陽升起的相關性，來自於有個共同因）。所以，如果我太憂鬱不想要太陽升起，可以考慮讓公雞睡久一點，或是說我希望太陽早一點升起，那就得想辦法讓公雞早一點叫（關於為何公雞會在早上叫，可以 google 到一些有趣的研究）。又根據規律連結因果理論，今天下午下雨的原因，其實是天空很陰暗，因為每當天空很陰暗，不久後就會下雨（與規律連結因果理論的觀點相反，一般認為下雨與天氣陰的相關性，來自於有個共同因）。所以說，如果水庫沒水想要有雨，可以試著把太陽遮起來讓天空陰暗，或是說如果要開演唱會不希望下雨，可以試著用一堆探照燈照亮天空。

公雞問題和天陰問題或許有點戲謔，但卻寓意深遠，值得深思。重點不是認定公雞叫並不是太陽升起的原因，或認為天空陰暗不是下雨的原因，而是**如何證明**它們不是原因？何以讓公雞早一點叫但太陽並沒有提早升起，足以成為反對雞叫是太

陽升起的原因（這裡顯示至少有兩種不同的源由使雞叫）？何以讓探照燈照亮天空後雨依然一直下，可以成為反對天空陰暗是下雨的原因（這裡顯示至少有兩種源由天空會閃亮亮）？因果大革命的後見之明顯示，能解決公雞問題及天陰問題，就能解決因果問題。

▐ 虛假相關

在科學文獻中，當兩個事件具有相關性，卻沒有直接因果關係，稱為虛假相關(spurious correlation)。在統計學的研究中，通常只要夠努力，就可以找到事件間的相關性，但若把統計找到的相關性直接視為因果性，那可就太錯了。

很簡單的統計分析可以發現，冰淇淋的消費量與海灘上的人潮有相關，其實就是成正比，然而，冰淇淋的消費增加導致海灘上的人潮增加嗎？國家旅遊局為了要增加海灘人潮，是否可以藉由推廣吃冰淇淋來達成？（讀者可上網站 https://www.tylervigen.com/spurious-correlations，看看各種匪夷所思的相關性，再重新想想統計學數據的意義。）

一般來說，當 *A* 及 *B* 之間有相關性，通常有幾種不同的可能性：

1. *A* 導致 *B*：被鍋子燙到導致紅腫。
2. *B* 導致 *A*。

3. A 和 B 有共同的原因：氣溫增高，冰淇淋消費及海灘人數都增加。

4. A 及 B 相互影響：情緒低落導致工作表現不佳，工作表現不佳進一步導致情緒低落。

5. B 是由 A 的連帶效應所導致：某疾病痊癒與所服用的藥物無關，而是對服用藥物的認知所導致。

當 A 及 B 之間有相關性，我們所面臨的難題，來自於如何發現或判斷 A 和 B 之間的相關是以上五種相關的哪一種？

2.2 休姆二刀流之二：大海撈「因」之術

在先前休姆對因果關係的陳述中提到，要宣稱某先前事件是後續事件的因，得要求「如果先前的事件沒有發生，那後續的事件也就不會發生」，基於這個要求，在二十世紀的哲學中，發展出因果關係的反事實理論。

因果關係的反事實理論有一個有趣的發展脈絡，二十世紀最重要的早期推動者，為著名美國哲學家路易士在 1970 年代所發表的著作，路易士的理論由哲學界繼承並持續發展至今。在哲學的脈絡之外，因果關係的反事實理論也在 1970 年代開始，由心理學家及流行病學科學家平行發展（而且，你可以在科學期刊論文中，如流行病學的期刊論文中發現引用哲學家的

研究論文），並發展成流行病學方法論的基礎，其內涵後續成
為實證醫學 (evidence-based medicine) 的圭臬，並在許多不同
的科學領域，如經濟學等等，影響甚遠。另外，在電腦科學家
伯爾於 2000 年出版的經典著作《因果：模型、推理與推論》
(*Causality: Models, Reasoning and Inference*) 一書中，成功的將
路易士及流行病學中反事實因果理論，在嚴格的數學基礎上，
整合成因果模型理論，揭開了因果大革命的序曲。本章將介紹
路易士的反事實因果理論，下一章中將介紹反事實因果理論在
流行病學中的發展，而接續在這兩個革命前期的理論發展之
後，我們將在第 4 章中，介紹伯爾引發因果大革命的因果模型
理論。

　　在進一步介紹路易士反事實因果理論如何超越休姆的反事實
因果理論前，首先考慮一個對休姆反事實因果理論的精簡刻畫。

│休姆反事實因果理論│事件 c 是事件 e 的因，代表以下兩個條件成立：
1. 事件 c 及事件 e 皆發生，
2. 如果事件 c 沒發生，則事件 e 不會發生。

以上兩個條件如此簡單而明確，但卻遠比規律連結因果理論更
輕易地說明了因果關係。

　　要見識休姆反事實因果理論的威力，讓我們再次回頭考慮
「高雄美濃強震造成臺南維冠大樓倒塌」這個因果宣稱。首

先，我們承認「高雄美濃強震」以及「臺南維冠大樓倒塌」是兩個真實發生的事件，其次，我們來考慮「如果高雄美濃強震沒發生，則臺南維冠大樓倒塌不會發生」這句話是否成立。讓我們捫心自問：「如果高雄美濃強震沒發生，臺南維冠大樓倒塌還會發生嗎？」相信對絕大多數人，答案是肯定的，因而對大多數人來說（同時根據休姆反事實因果理論），是高雄美濃強震造成臺南維冠大樓倒塌。根據休姆反事實因果理論，我們無須去看其他的地面震動，也無須考慮哪些地面震動與美濃強震相似。

休姆反事實因果理論的優點

休姆反事實因果理論有許多明顯的優點。第一個優點，來自於將實際發生事件外的因素納入考量。當我們只單單考量兩個事件的發生，無法用來支持關於兩個事件間的因果宣稱，當我今天早上六點起床時打了個噴嚏，而中午十二點開始下雨，大家大概難以單單因為這兩個事件的發生，就會同意我今天早上六點起床時打了個噴嚏，是中午十二點開始下雨的原因。但是，讓我們回頭想想，我們憑什麼認為，我今天早上六點起床時打了個噴嚏，不是中午十二點開始下雨的原因。

休姆反事實因果理論對因果關係引入一個額外的考量，強化因果宣稱的正當性。當美濃地震發生的凌晨，「北半球的人們大部分都在睡夢中」是個事實，但我們無法合理宣稱「北半

球的人們大部分都在睡夢中」造成「臺南大樓的倒塌」，因為並非「如果不是北半球的人們大部分都在睡夢中，臺南大樓就不會倒塌」。類似的，我們之所以認為我今天早上六點起床時打了個噴嚏，不是中午十二點開始下雨的原因，來自於我們拒絕以下的反事實宣稱：「如果我今天早上六點起床時沒有打噴嚏，則中午十二點就不會開始下雨」。

　　休姆反事實因果理論的第二個優點，來自於操作上的簡便性。臺南大樓倒塌後，當人們試圖在眾多先前發生的事件中尋找原因，例如「美濃發生大地震」及「北半球的人們大部分都在睡夢中」，可以簡單的根據休姆的反事實因果理論，輕易的辨認出前者是原因，但後者不是。

　　休姆反事實因果理論的第三個優點，反映了在實務上的運用，尤其是反映了實務上尋找原因時常會發生困難，我稱這個為「大海撈因」的難題。根據休姆反事實因果考量，當某事件 Q 發生，要能找出事件 Q 發生的原因，得先找出發生於事件 Q 之前的某個事件 P，並檢驗是否 P 不發生則 Q 不會發生。然而，在茫茫事海之中，有太多發生於 Q 之前的事件，小到我家出現了三隻蟑螂，大到哈雷彗星多年前造訪地球，我們究竟要從哪一個事件開始檢驗反事實關係？實務上，考慮 2017 年 4 月爆發的戴奧辛雞蛋污染事件，在衛福部確認戴奧辛雞蛋來自於鴻彰畜牧場之後，污染源卻遲遲無法確認，研究人員希望能回答：「什麼東西造成雞蛋內含戴奧辛？」但需要尋找的

事件有許多可能，或許是飼料、飲用水及飼養過程中使用的任何物質內含戴奧辛，甚至不是只有一種物質造成雞蛋戴奧辛污染，可見尋找原因需花不少時間。（如果各位有興趣追蹤這個尋因事件，其結果為衛福部最後沒找到原因，因而尋因事件不了了之）

　　休姆反事實因果理論的第四個優點，來自於反事實因果考量反映了因果關係無法被直接觀察的特性。因果關係之所以是一個科學與哲學的難解議題，其中一個重要原因是因果關係無法被觀察，而恰好所有可被觀察的現象只有事件的發生，而不是觀察到事件間還有一個額外的反事實連結。人們在不同時間片段中觀察到不同的事件，但不能觀察到跨越時間片段的反事實關係。

補充說明

≫ 關於休姆的因果理論

　　本書中在談到休姆的因果理論時，集中在兩個理論面向，分別是規律連結因果理論（此乃一般認為對休姆因果理論的標準詮釋），另一個是反事實因果理論（相較之下較不被視為休姆的主要因果理論）。在文獻中，關於休姆「真正」所抱持的因果理論為何，則有多方的爭論，除了以上兩個理論，學者們還提供另外兩個不同觀點。其中一個觀點認為，休姆是所謂的**因果實在論者**

(causal realist)，這個觀點認為，休姆相信事物間的因果關係真實存在於世界，獨立於人們如何理解或是詮釋事物間的關係，但休姆懷疑我們是否有能力藉由經驗觀察及理性思維來認識到這種真實存在的因果關係（可參考 Read & Richman 2000 中的相關討論）。另一個觀點表示，休姆是所謂的**投射主義者** (projectivist)，這個觀點認為，事物間的因果關係純粹是在人們的思想中，對事件發生的心理預期（期待）。簡單說來，當人們基於某事件 C 的發生而預期後續事件 E 的發生，我們便把 C 稱為因而把 E 稱為果（可參考 Beebee 2006 中的相關討論）。

反事實條件句

休姆反事實因果理論中的第二個條件，為「如果事件 c 沒發生，則事件 e 不會發生」的形式，這種形式的表達方式在理論上被稱為**條件句** (conditional)，條件句一般來說具有「如果 P 則 Q」的形式，而 P 被稱為條件句的前件，Q 被稱為條件句的後件。對一個條件句「如果 P 則 Q」來說，在 P 為假的情況下，這個條件句被稱為**反事實條件句** (counterfactual conditional)，而基於休姆反事實因果理論中的第一個條件，所有休姆反事實因果理論所考慮的都是反事實條件句。路易士之所以對反事實因果理論有興趣，並在後續研究中取得重大的進

展，正是源於路易士在 1970 年代初期，對反事實條件句理論
所提出的重大理論貢獻。

　　在進入路易士的反事實條件句理論前，我們先對條件句的
理論背景做一點說明。路易士的理論發展所針對的語言是英
文，而對英文文法熟悉的讀者來說，應記得英文中的條件句
有兩種不同的文法表達方式，一種稱為指示條件句 (indicative
conditional)，另一種稱為虛擬條件句 (subjunctive condition)，
哲學家們很早就注意到這兩種條件句有表達意涵上的差異，
以下是路易士在他 1973 年出版的名著《反事實條件句》
(*Counterfactuals*) 一書中，所舉的例子。

| 2.1 | a. If Oswald <u>did not kill</u> Kennedy, then someone else <u>did</u>.

　　　　b. If Oswald <u>had not killed</u> Kennedy, then someone else <u>would have</u>.

(Lewis 1973a: 3)

根據 FBI 官方說法，槍手射殺美國總統甘迺迪，是單獨犯案
沒有共謀。而在官方說法設定下，對以英文為母語的人來說，
(2.1a) 這個條件句是真的，但 (2.1b) 這個條件句是假的。如果
你沒有這樣的語言直覺，甚至搞不清楚 (2.1a) 及 (2.1b) 的意義
到底有何不同，那恭喜你，我也和你一樣。

　　因為中文裡沒有這種以時態來建構的兩種不同條件句型
態，所以以中文為母語的使用者難以理解 (2.1a) 及 (2.1b) 這兩

句話的差異，而中文也很難建構與 (2.1a) 及 (2.1b) 完全相對應的條件句。然而，在我接觸到相關文獻的多年後，經過了與學生及許多中文使用者的驗證，(2.1a) 及 (2.1b) 的語意大致對應到以下的 (2.2a) 及 (2.2b)。

| 2.2 |　a. 如果 Kennedy <u>不是</u> Oswald 殺的，那 Kennedy 會是別人殺的。

b. 如果 Oswald 當初<u>沒有</u>殺 Kennedy，那會有別人殺 Kennedy。

在 Oswald 獨立犯案的假定下，中文為母語的使用者同意 (2.2a) 是真的、但 (2.2b) 是假的。關於中文例句 (2.2a) 及 (2.2b) 的差異，我就不在此進一步細究。

　　對 (2.1a) 及 (2.1b) 兩種不同文法特性的條件句來說，因為前件皆為假（因為事實上 Oswald 殺了甘迺迪），所以都是一般意義下的反事實條件句，而路易士所討論的反事實條件句，是針對 (2.1b) 這種具有虛擬條件句文法型態的條件句，涵蓋範圍不限其前件為真或為假的虛擬條件句。在我們以下的討論中，將延續路易士對反事實條件句的特定用法，雖然在中文裡這個特定用法無法在文法上被清楚的標記。

　　在路易士 1970 年代的著作中，他進一步發展了幾位哲學家在 1960 年代對反事實條件句的邏輯理論，這些理論是對反事實條件句的邏輯研究，但在這裡，這些邏輯的細節將被忽略，只探究其背後的理論構想。對路易士來說，一個反事實條

件句的真或假,可由以下的方式來界定。

| 路易士反事實條件句理論 | 某個反事實條件句「若 A,則 B」為真,意謂在所有前件 A 為真、且最接近真實世界的可能世界中,後件 B 成立。

所謂的可能世界,是我們在真實世界的基礎上,想像出來的世界。在路易士的理論中,反事實條件句的真假需要靠我們為可能世界的建構與想像來斷定,而且重要的是要考慮那些最接近真實世界的可能世界。我們可藉由以下路易士自己提出的例子,來說明他的理論如何運作。

> 在我們這個世界中,考慮「如果袋鼠沒有尾巴,它們會跌倒」這句話是真的或假的,我們根本不需要考慮那些袋鼠拄著柺杖走來走去且站得直挺挺的可能世界,因為那些世界離我們真實世界太遙遠。反事實條件句所表達的意義,得基於考量所發生的事情與現實狀況差不了太多。在考慮無尾袋鼠的例子中,考量袋鼠沒有尾巴的可能世界時,我們還是應盡可能保留現實的情況,就像現實情況一樣沒有柺杖讓袋鼠用、就像現實情況一樣袋鼠不會用柺杖等等。如此,我們便可以說,「如果袋鼠沒有尾巴,它們會跌倒」。
>
> (Lewis 1973a: 9-10)

路易士所說的，其實稍有簡化，但也不遠了。在路易士的想像中，一個袋鼠沒有尾巴且最相似真實世界的可能世界中，那些袋鼠並沒有裝置平衡用的機械義肢、它們沒有像人一樣直立行走、它們也不是像狗一樣用四肢行走、它們也沒有就此成為不跌倒的水中生物、以及各種其他條件等等。

路易士反事實因果理論

當路易士試著把他的反事實條件句理論運用在因果關係時，他發現了一個重要的議題，稱為條件句的「回溯性思考」問題（在伯爾的因果模型理論中，也會對這個問題提供一個不同方向的解決方案，會比路易士的解決方案更精彩）。拉回到我們先前討論的例子，昨天氣壓計的讀數劇烈變化，而後昨天的天氣也有劇烈變化，此時我們問：「如果昨天氣壓計的讀數沒有劇烈變化，是否昨天的天氣也不會有劇烈變化？」如果我們認為這個反事實條件句為真，那麼根據休姆反事實因果理論，昨天氣壓計的讀數劇烈變化是昨天的天氣也有劇烈變化的原因，但這個判斷顯然是不正確的。

「如果昨天氣壓計的讀數沒有劇烈變化，昨天的天氣也不會有劇烈變化」，這個條件句是真的嗎？先不論你是否認為這個條件句是真的，考慮有人宣稱這個條件句是真的，並提出以下的理由：

> 「如果昨天氣壓計的讀數沒有劇烈變化，昨天的天氣也
> 不會有劇烈變化」這句話是真的，因為如果昨天氣壓計
> 的讀數沒有劇烈變化，代表氣壓沒有劇烈變化，而氣壓
> 沒有劇烈變化，那天氣也不會有劇烈變化，所以得證。

以上對於條件句為真所提供的理由，被稱為回溯式思考，因為在思考「如果 A 則 C」的時候，首先思考在 A 為真（氣壓計的讀數沒有劇烈變化）的時候，在時間上進行回溯去發現使得 A 發生的原因（氣壓沒有劇烈變化），而後藉由使得 A 成立的原因（氣壓沒有劇烈變化），來判斷條件句的後件（天氣也不會有劇烈變化）是否成立。

當路易士發現這種對反事實條件句的獨特思考模式，路易士建議在因果關係的反事實理論中，所利用的反事實條件句必須是排除回溯式思考的反事實條件句（參見 Lewis 1973b 及 1979）。換句話說，路易士建議在因果關係的反事實理論中，進行反事實條件句思考的時候，我們必須「忘了」（或「忽略」）使得條件句的前件發生的原因是什麼（例如我們不要去考慮為什麼袋鼠沒有尾巴），單純的就前件所代表的事件是否會後續伴隨著後件的發生，來判斷條件句為真或為假，如此，我們就不會結論出「如果昨天氣壓計的讀數沒有劇烈變化，昨天的天氣也不會有劇烈變化」這句話是真的。

| 路易士反事實因果理論 | 事件 c 是事件 e 的因，代表以下兩個條件成立：

1. 事件 c 及事件 e 皆發生，

2. 「如果事件 c 沒發生，則事件 e 不會發生」在非回溯式思考的情況下成立。

　　雖然氣壓計讀數變化與天氣變化有相關性，但是並不具有因果性，這是一個典型的共同因問題：「雖然氣壓計讀數變化與天氣變化之所以有相關性，是因為兩者都是由氣壓變化所導致，但兩者之間並沒有因果關係。」因為當氣壓計讀數沒有變化的時候（在非回溯性思考的情況下），天氣並不因此就沒有變化，所以氣壓計讀數變化不是天氣變化的原因，路易士反事實因果理論得出兩者沒有因果性的結論。將因果考量中的反事實條件句，限定在非回溯式思考，路易士因此也就解決了共同因的問題。

思考啟動

　　試利用路易士的反事實條件句理論，尤其是在因果關係討論中使用反事實條件句時，必須排除回溯式思考這個條件，說明如何解決公雞問題及天陰問題。

　　在討論反事實因果關係時，路易士排除回溯式思考，代表

了路易士對反事實因果理論的重大貢獻,這裡不得不對這個重要貢獻再度強調。第一,如果我們在反事實因果理論中不排除回溯式思考,反事實因果理論會和規律連結因果理論一樣,把相關性等同於因果性,我們會把氣壓計讀數的變化當成天氣變化的原因,而公雞問題及天陰問題一樣會出現,因而無法解決共同因的問題。第二,從這個角度來看,當初休姆認為從規律來談因果,與從反事實考量來談因果,是同一件事,也就不算是太大的錯誤(因為休姆並沒有排除反事實條件句的回溯式思考)。

關於路易士對回溯式思考的理論,請容我在這裡安排一個小小的插曲。對路易士來說,對反事實條件句進行回溯式思考而作出判斷,對語言使用者是一件極為不自然的思考行為(你同意嗎?)。路易士認為,正是因為這種思考行為極不自然,而令語言使用者天生排拒,所以讓人們產生了過去是固定不變的(我們不經由後續的反事實情況,去進而考量過去是否因而有所不同),但未來卻是具有開放的可能性(經由先前的反事實情況,思考後續的情況是否會有所不同)。

藉由對回溯式思考的排拒,來說明過去的不可變性及未來的可變性,是路易士一個有趣而大膽的策略。讀者可以設想,或許我們可以藉由抱持著過去的不可變性及未來的可變性,來說明為何人們對回溯式思考有所排拒。路易士的策略其實恰恰相反,他把過去的不可變性及未來的可變性,視為人們對世界的一個有趣但需要被解釋的觀點(而不見得是一個世界的真實

特性），而排拒回溯性思考，除了可以對反事實因果關係提供一個恰當的條件，同時也可一魚兩吃，解釋人們對過去的不可變性及未來的可變性所抱持的觀點。

思考啟動

　　試著找出兩個例子，說明在這兩個例子中，反事實條件句的回溯式思考，比起非回溯式思考更為自然而合理。（參考案例：當某個事件會造成兩個結果，而我們企圖用反事實條件句來表現這些結果間的關連性時，反事實條件句的回溯性思考通常更為自然及合理。例如，對反事實條件句「如果用電量大幅增加，則熱傷害的人數也會大幅增加」來說，回溯性思考「當用電量大幅增加時，代表氣溫變很熱，因而熱傷害的人數也會大幅增加」是相對合理的一種理解方式。）

　　另外，雖然路易士很顯然把非回溯式思考，當作是對反事實條件句的一種較自然的思考方式，同時也是區隔相關性與因果性的重要特性，但是在理論層面上，並沒有對非回溯式思考提供一個完整的形式化邏輯建構，也沒有進一步細究非回溯式思考的其他重要理論內涵，非常的可惜。這個重要工作一直得等到伯爾的因果模型理論，才被完整的呈現。

▉ 反事實因果理論的缺點

　　即使路易士反事實因果理論有許多明顯的優點，但文獻中早已指出它的一些缺點。第一個缺點，來自於即使相應的反事實條件句不為真，也不代表沒有相應的因果關係，讓我們來考慮以下槍擊案例。

| 槍擊案例 | 某個陰謀集團安排了甲、乙兩位神槍手暗殺市長，安排甲在中午十二點市長演講時開槍，如果甲因故未準時在中午十二點開槍，乙隨即會開槍，否則乙不會開槍。當中午十二點到來，甲開了槍，市長當場死亡，乙沒開槍隨即離去。

　　很明顯的，甲開槍導致市長死亡，但是並非「如果甲沒開槍，市長就不會死」（即使甲沒有開槍，市長依然會死，因為乙依然會開槍）。對以上的例子進一步分析，可以發現，當我們進行「甲沒有開槍」這個反事實考量時，我們的思緒中引發出某個反事實事件「乙有開槍」，因而使得「甲沒有開槍」的後果不是「市長沒死亡」。

　　針對第一個缺點，另一種例子來自**過多決定性原因**(overdetermination) 所造成，這是另一種反對反事實條件作為因果關係必要條件的例子。

| 雙重槍擊案例 | 某個陰謀集團安排了甲、乙兩位神槍手暗殺市長，安排甲和乙在中午十二點市長演講時同時開槍，雖然任何一位殺手都可以將市長一槍斃命，但陰謀集團總是喜歡有點額外的保險。當中午十二點到來，甲和乙都開了槍，都擊中市長，市長當場死亡。

這個例子有其詭異的地方。當我們問，市長的死亡原因為何，究竟是「甲開槍」、還是「乙開槍」，還是「甲、乙都開槍」造成市長死亡？不論我們最後如何認定市長死亡的原因為何，根據路易士反事實理論，我們會得到一個看似不合理的結論：市長死亡的原因既不是甲開槍、也不是乙開槍，也不是兩者都開槍，因為「如果甲沒開槍，市長不會死」、「如果乙沒開槍，市長不會死」，以及「如果甲沒開槍或乙沒開槍，市長不會死」這三個條件句皆為假。

　　反事實因果理論的缺點二，來自於即使滿足路易士反事實理論的兩個條件，也不見得有因果關係，我們來考慮以下兩個例子，分別是保鏢案例與女王案例。

| 保鏢案例 | 殺手在市長的咖啡裡放了致命毒藥，市長保鏢身上帶有中和毒性的解藥，但並沒有放入咖啡中，市長不注意時喝了咖啡身亡。

雖然反事實條件句「如果保鏢把解藥放入咖啡中，則市長不會中毒身亡」成立，但是一般來說並不會認為，這個例子中「保鏢沒有把解藥放入咖啡中」導致「市長中毒身亡」。

| 女王案例 | 小明的父母長期沉迷網路，沒有好好照顧小明，小明身材瘦小營養不良。如果小明的父母好好照顧小明，小明就不會營養不良。類似的，如果英國女王好好照顧小明，小明也不會營養不良。

即使「如果小明的父母好好照顧小明，小明就不會營養不良」成立，而且「如果英國女王好好照顧小明，小明也不會營養不良」也成立，但卻只有「小明的父母沒有好好照顧小明」，被合理的認為是造成「小明營養不良」的原因，這顯然違反路易士反事實因果理論的預期。

因果影響力

很顯然，反事實因果理論中的兩條件所捕捉到的，並不是我們一般直覺上的因果關係，當我們細究反事實因果理論中的兩條件，會發現這裡條件所捕捉到的是所謂的**差異製造** (difference making) 的概念，可以恰當地稱之為**因果影響力** (causal effectiveness)。

當滿足反事實因果理論的兩條件，我們得到 (i) P 及 Q 皆

發生，且 (ii) 若 P 沒發生則 Q 沒發生。這兩個條件所企圖捕捉到的，其實是 Q 發生與 Q 沒發生的這個差別，來自於 P 發生及 P 沒發生的差別，也就是 P 發生及 P 沒發生的差異造成了 Q 發生及 Q 沒發生的差異，我們把這種差異製造的事實，稱為 P 對 Q 具有因果影響力。

從因果影響力的觀點，來重新界定反事實因果理論中兩個條件的實質內涵，先前所舉出的所謂「反例」就不再是反例。在先前的槍擊案例中，即使甲沒開槍，市長依然會死，這代表甲開槍與否，不會造成市長死與不死的差異，因而甲的開槍對於市長的死不具有因果影響力，雖然甲開槍依舊應該被視為市長死亡的原因。英國女王餵小明吃東西確實會讓小明不發生營養不良的情況，所以英國女王不照顧小明確實對小明的營養不良有因果影響力，雖然那不是小明營養不良的原因。

這些例子讓我們明確的看出，日常意義下的因果關係概念，遠超出反事實關係的範圍。然而，幸運的是，當我們弄清楚因果影響力的概念，我們將會有機會進一步釐清日常生活中重要的因果概念，這部分將在第 5 章中做進一步論述。

■ 反事實知識如何可能

當路易士在建構反事實條件句的理論時，就如同其他在相同議題奮戰的哲學家一般，主要考量的是反事實條件句的邏輯議題，這些議題主要涵蓋關於反事實條件句相關的邏輯推論。

　　然而，當我們把反事實條件句拿來作為思考因果關係的必要條件，我們便涉入一個知識論議題：「**我們如何對反事實條件句有知識，從而使得我們具有因果關係的知識？**」

　　讓我由兩個角度來闡釋以上提到的知識議題。我們在這裡關心的議題並不在於什麼是反事實的知識、或是什麼是知識這種抽象的哲學議題（這個議題倒也在哲學的傳統裡爭論超過兩千年了）。這裡所關心的，聚焦在詢問有什麼樣的方法，來對於反事實條件句是否為真，得到正確的判斷。畢竟，根據反事實因果理論，我們相信高雄美濃強震造成臺南維冠大樓倒塌，是基於我們相信或判斷以下為真：「如果高雄美濃強震沒發生，則臺南維冠大樓倒塌不會發生」。然而，我們的信念或判斷是正確的嗎？就算我們如何堅定的認為這個判斷是正確的，在什麼基礎上可以說我們的判斷是正確的，而不只是一廂情願的認定呢？我們這個問題稱為反事實判斷的**正確性問題**。

　　如果讀者認為正確性問題不是一個困難的問題，那或許就有點太輕忽這個問題的困難度。要瞭解這個問題的難度，讓我們提供一個簡單的知識論架構為基礎。在知識論中，我們得到正確判斷的基礎，區分為兩個來源。第一種來源是「先驗來源」，也就是正確判斷的基礎不是來自於經驗證據，而是來自於我們語言概念的使用，例如「紅色是一種顏色」或是「單身漢是沒有結婚的男人」這樣的判斷。另一種來源是「後驗來源」，指的是正確判斷的基礎來自於經驗證據，例如「現在窗

外正在下雨」或是「美國是一個民主國家」。

　　根據以上兩種正確判斷的來源，我們可以看出，關於反事實判斷的正確性問題似乎是無解的，因為反事實判斷似乎沒有正確性來源。一方面，在我們關心的因果關係中的那些反事實條件句，無法單靠我們對於語言概念的理解而正確判斷為真，因為單單靠語言概念的學習，我們無法得知沒有尾巴的袋鼠會不會跌倒，所以反事實條件句的判斷正確性，沒有先驗的來源。另一方面，因為就定義來說，「反事實」代表不是事實，也就是這個世界沒有反事實的情況發生，因而我們沒有關於反事實的經驗證據，所以我們的反事實判斷的正確性沒有經驗來源（就像我們不會有任何的證據，來判斷白馬王子是否真的愛白雪公主）。然而因為判斷的正確性來源只有先驗來源及後驗來源兩種可能性，而反事實的判斷兩種都沒有，所以反事實判斷沒有任何正確性來源。

　　以上的論證如果真的成立，那後果將不堪設想，因為我們進行的反事實判斷都將只是我們沒有根據的判斷，與一廂情願沒有實質的差別，而沒有任何實質的正確性基礎，許多讓我們賴以生存的基本信念，也就失去了合理引導人類生活的良好特質。

　　既然反事實判斷的正確性來源不可能是先驗的、也不可能是後驗的，哲學家威廉森 (Timothy Williamson) 提出一個有趣的解決方案（但僅止於有趣，而不具有實質解決問題的可能性）。威廉森認為，我們的反事實判斷的正確性來源，具有某

種所謂**搖搖椅** (armchair) 的特性，意即既不是單純的由概念的操作而得來，但也確實不是把經驗當成證據而得到，而是一種將經驗結合想像力，而得出的正確性來源。

針對威廉森的看法，讓我們來考慮以下的例子。試想前兩天張三買了大樂透，開獎後沒中獎，中獎號碼是張三老婆的生日。張三的朋友李四心想：「如果張三當初買的號碼是用他老婆的生日，張三就會中獎了。」李四想法的正確性來源為何？威廉森建議，李四心中的條件句思考方式，應該是「想像」在張三兩天前買大樂透的當下（先想像式的回溯），張三買的號碼不是當初買的號碼，而是老婆生日（再以前提為條件修改想像中的歷史），再將時間的巨輪往前推動到開獎的當下（在想像的歷史中，想像時間如何往前推進），發現在這想像的歷史中，張三買的樂透號碼和開獎號碼一樣，所以張三在想像的歷史中中獎，因而李四心想的條件句成立。

威廉森認為，以上這種**回溯—修改—推測**的反事實思考模式，既不是先驗性，也不是後驗性的，而是一種結合日常經驗以及想像力的思維模式，這種思維模式提供反事實判斷的正確性來源，因為這種思維模式通常很可靠 (moderately reliable)。

威廉森對反事實正確性來源的構想，可說是多年來哲學家對這個議題所提出的最佳策略之一，但顯然的過於天真。沒上大學的張三，自問：「如果和其他同學一起去上大學，現在薪水會不會比較高？」當我們開始針對以上的問題，進行威廉

森所謂的**回溯—修改—推測**的反事實思考模式，會發現有太多不同的**回溯—修改—推測**版本存在（會遇到什麼樣的女性作為伴侶、會學到什麼課程），我們根本無法判斷哪一個版本是正確的版本，我們根本沒有正確性來源。

　　威廉森的搖搖椅策略，最重要的問題出現在無法解決上一章一開始提到的特異性問題。世界是個大黑箱，當我們思考在某個情況下結果是什麼的時候，我們無法單靠想像就能知道有哪些因素會影響結果的發生，以及如何影響結果的發生（畢竟我們不是全知全能）。我們常會利用所謂的「成功案例」來進行反事實思考，想像如果也像賈伯斯大學休學去創業，也會成功開創大事業；想像如果也像張三吃清淡飲食，膽固醇就不會那麼高；想像如果結婚的是一個有錢男人，會和某某人一樣幸福快樂。以上這些思考，都忘了特異性問題，忘了想到你和賈伯斯不是同一種人，你和張三不見得有一樣的體質，你和有錢人不見得合拍。現實是你根本對自己瞭解不多（不管是心理的或是生理的），從別人的成功案例來思考自己，可以想想，但不要太認真。

　　特異性問題源於世界善於隱藏自己的真面目，影響我們反事實判斷的因素並非明顯易見，因此反事實真理是**不透明的**(opaque)。威廉森的**回溯—修改—推測**思考模式，或許就是一般人進行反事實判斷的模式，但特異性影響這個判斷模式的正確性，或許在某些情況下這個判斷模式會得到正確的結果，但

我們難以區分這個模式在什麼情況下，會得到正確或是不正確
的結果。

補充說明

》因果關係與實踐考量

　　從反事實考量面向來建立的因果理論，具有可以說明因果關
係如何有助於實踐考量的優點。所謂因果關係的實踐面向考量，
指的是以下的思考策略。

│因果關係的實踐思考策略│事件 P 造成事件 Q 的發生，代表 (i) 人們
可透過使得 P 發生，進而使得 Q 發生，以及 (ii) 人們可以透過使得 P
不發生，進而使得 Q 不發生。

以上的實踐思考策略，並不是一個對於因果關係的定義，也不是
一個對於因果關係的理論主張，而是對因果關係的一個思考策略，
我們可以利用這個思考策略，在一種具有經驗意義以及可被科學
驗證的方向下，來區隔因果關係與非因果關係的相關性（而且在
概念以及實務上很簡便）。另一方面，在我們介紹過反事實考量
以及反事實條件句後，相信讀者們可以輕易看出，在因果關係的
實踐思考策略中，條件 (i) 及 (ii) 可輕易的被表達成反事實考量的
形式。

　　當我們試著將以上的實踐思考策略，運用在公雞叫與太陽升起兩事件間的因果考量，我們可以進行以下的考量。

公雞叫造成太陽升起，代表我們可以透過讓公雞叫，進而使得太陽升起，以及透過讓公雞不叫，使得太陽不升起。

以上的實踐考量是可以進行經驗驗證的，我們可以試著讓公雞在半夜十二點叫（方法不論，但請尊重動物權），看看可不可以讓太陽早一點升起；或是試著讓公雞在早上不叫，看看可不可以讓太陽不要升起。在這個實踐考量下，我們可以驗證，公雞叫與太陽升起之間的關係是相關性，並不是因果關係。

2.3 無所不在的另類時空

　　反事實考量在日常生活及科學思考中無所不在，貫穿人們的喜、怒、哀、樂，以及做與不做的抉擇、要與不要的想望、涵蓋我們如何瞭解大自然的運行，以及人造物的設計與使用。路易士與其他哲學家所開啟的反事實條件句研究，正持續為這個無所不在的反事實考量尋找堅實的基礎，因果大革命只是其中的一個環節。

◾ 反事實與人性

反事實考量是人們自我瞭解以及瞭解他人的核心環節，先讓我們來看古人如何用反事實考量來刻畫人性。

> 孟子說：「之所以我說人都有不忍心見到他人受到傷害的天性，理由很簡單。當人們見到有小孩子快掉到深不見底的水井中，都會很自然的在內心中感到驚駭及憐憫而採取協助的行動，而這種人們因自然情感而採取的行動，並不是為了要結交小孩的父母而做，也不是為了要博得他人的讚賞而做，更不是因為怕被別人說太沒同情心而做。」 　　　　（《孟子·公孫丑上》）

當孟子用「當人們見到有小孩子快掉到深不見底的水井中，都會很自然的在內心中感到驚駭及憐憫而採取協助的行動」來支持「人都有不忍心見到他人受到傷害的天性」，訴諸的是一個沒有條件句形式的反事實條件句，來代表條件句「如果人們見到有小孩子快掉到深不見底的水井中，則會很自然的在內心中感到驚駭及憐憫而採取協助的行動」。孟子堅信這個反事實真理成立，即使我們絕大部分的人，都沒實際上見過小孩子快掉到深不見底的水井中。

在中文裡，反事實表達非常善於隱藏它的真面目，來看看

詩人們如何用隱晦的反事實思考來表達心境。

> 秦時明月漢時關，萬里長征人未還。但使龍城飛將在，
> 不教胡馬度陰山。　　　　　　　　（王昌齡〈出塞〉）

詩中的最後兩句，表達了一個反事實思考「如果飛將軍李廣還在鎮守邊疆關隘，則不會讓異族攻進國內」，表達人們期許有有能力的大將軍，領軍鎮守邊關、平息異族動亂。

> 白日依山盡，黃河入海流。欲窮千里目，更上一層樓。
> 　　　　　　　　　　　　　（王之渙〈登鸛鵲樓〉）

詩中的最後兩句，表達了一個反事實思考「如果你想要看的更遠，那你要再往上登一層樓」，傳遞出作者追求更高目標的積極精神。

歷史中的反事實考量

　　雖然反事實考量善於隱藏自己，但其實不難發現它的偽裝。當我們企圖表達兩個事件間有因果關係，則不可避免的用到隱含的反事實考量，這種反事實考量可能極度隱晦，甚至讓人們堅稱他們所要表達的內涵中，沒有反事實考量，而徹底的誤解自己到底說了什麼。

　　讓我們來思考一下，歷史的描述中是否有涵蓋反事實考量呢？我所遭遇的歷史學者，都對這個問題斬釘截鐵的回答：「沒有」。對他們而言，當我們對歷史事件進行反事實考量時，談的就不是歷史了，歷史學家不關心「如果吳三桂沒有引清兵入關，是否崇禎就不會是明朝的最後一個皇帝？」這種問題，因為歷史學關心的是事實，書寫的是事實，那些由所謂對歷史事件進行反事實考量，只是**另類歷史** (alternative history)，不是真的歷史。

　　多年後，我才發現我問錯了問題，因而得到了我意料不到的答案，我該問的問題應像是：「歷史學中是否會談到某某事件『造成』某某事的發生，或是某事件對某事件有『影響』，而你們說『造成』或『影響』到底是什麼意思？」這些與因果關係相關的概念，全部都內含反事實關係，而且都有需要利用反事實考量，來作為論述與論辯的基礎（若歷史學者還是不能接受反事實考量對歷史研究的重要性，請自行試著不利用反事實考量，來定義各種因果相關概念如「影響」或「造成」，並加以辯護）。在黃仁宇雅俗共賞的歷史名著《萬曆十五年》中，他這樣的說道。

　　　　1587 年，在西歐歷史上為西班牙艦隊全部出動征英的前一年。當年，在我國的朝廷上發生了若干為歷史學家所易於忽略的事件。這些事件，表面看來雖似末端小

節，但實際上卻是以前發生大事的癥結，也是將在以後
掀起波瀾的機緣。其間關係因果，恰為歷史的重點。

（黃仁宇，2007：3）

顯然黃仁宇是一個熱愛在歷史中談因果的學者，所以也是熱愛
在歷史中進行反事實思考的自然人。在《萬曆十五年》的第一
章中，出現了八次「影響」、四次「造成」、四次「原因」以及
五十七次的「因」，反事實考量無所不在。讀者們可自我進行驗
證，找一本歷史名著，看看裡面隱含了多少的反事實考量。

　　我們換個角度來思考，如果歷史中移除與反事實考量相關
的概念，就像是許多歷史學家自認的，歷史只包含事實的描
述，那歷史還剩下什麼東西？歷史學家可以說，唐代的科舉制
度為何，但不能說為何制度是這樣設計的（因為考量為何這樣
設計，得涉及當初認為設計會導致什麼結果）；歷史學家也可
以說，秦國西元前幾年用了商鞅進行變法，以及西元前幾年國
富兵強，以及西元前幾年秦國滅了魏國，但是不能說這些事件
間有任何因果關係，就像是不能說商鞅進行變法使得秦國國富
兵強。果真如此，與其看歷史，不如看影像紀錄，歷史也完全
不能再提供鑑古知今的功能。

　　在歷史研究中，反事實考量相關概念提供了一個瞭解與說
明事件因果關係的概念基礎，如此歷史才是有意義的，而不是
一堆事件及發生年代的描述組合。我瞭解歷史學家的猶豫，因

為反事實考量讓歷史聽起來沒學問、不嚴謹，甚至不科學因而不值得被看重。但是請歷史學者不用擔心，本書的目的就是要說明反事實考量遍布在科學思考之中，而且反事實考量的思想革命已經展開，承認反事實考量在歷史中的重要地位，不只讓歷史更貼近人性，也使歷史更科學，讓歷史研究的方法論巨輪向前邁進。

■ 法律與反事實考量

1944 年 1 月 4 日，名為安娜 C 的運駁船在紐約港被撞沉。事發源起於 1 月 4 日當天，拖船卡羅爾被派往碼頭拖另一艘船，在過程中不小心使得運駁船安娜 C 脫離碼頭而漂流。當時安娜 C 船上沒有船員，因為船員前一日已上岸依然未歸，安娜 C 漂流後撞上一艘油輪，爾後沉沒，而因沉船安娜 C 上的貨物屬於美國政府，故美國政府控告卡羅爾拖船公司，要求賠償。

這個案子的訴訟很複雜，涉及的單位包含美國政府、安娜 C 的船主、租用安娜 C 的公司、卡羅爾的船主、租用卡羅爾的公司以及港務局工作人員，這些人到底哪些人有過失責任，應如何判定？對法官來說，他面臨的問題之一如下。

安娜 C 船主是否有過失責任？考量的重點在於，「如果船主有安排船工留在船上顧船，這一切的意外不會以沉船結尾」。

對法官來說，他所面對的是一個反事實考量議題，對於安娜 C 船主是否有過失責任的議題之所以浮現，在於法官（以及其他人）認為某個反事實條件句為真。

　　因為相關的反事實條件句成立，所以安娜 C 的船主是否有過失責任被納入考量，但案件法官漢德 (Learned Hand) 並不因為相關的反事實條件句成立，就認為安娜 C 的船主有過失責任，而是「發明」了以下的漢德公式 (Hand Formula)，作為過失責任的判斷標準。

| 漢德公式 | 如果預防意外所需要的成本，小於意外風險的預期損失，則應預防意外的發生。其中所謂的意外風險的預期損失，指的是意外發生所造成的損失乘以意外發生的機率。

利用法官漢德的話來說（其中 *PL* 代表 $P \times L$）：

　　因為確實在一些情況下，船隻會脫離停靠的地方，而且，在那種情況下，船隻便對自己產生威脅。而如同其他相似的情況，船主應採取作為以避免傷害的責任，可由三個變項來考量：(1) 船隻脫離停靠地點的機率；(2) 造成傷害時的嚴重程度；以及 (3) 事前預防所需的成本。或許將這三項用代數來表達會有幫助：將造成損害的機率稱為 *P*，損害造成時的嚴重程度稱為 *L*，而事前預防

所需的成本稱為 B，責任與否依賴在 B 是否小於 P 乘以 L，也就是說，是否 $B < PL$。(*United States v.Carroll Towing Co., Inc.* Circuit Court of Appeals, Second Circuit: 159 F.2d 169 (2d. Cir. 1947))

漢德公式可以用兩個簡單的反事實考量來刻畫：「（甲）如果防止意外發生的成本低於意外的風險成本，相關人有進行防止意外行為的義務；而（乙）當相關人沒有進行防止意外的作為，且因而意外發生，則相關人有過失責任。」

在以判例為重要法源基礎的英美法系中，漢德公式的提出，揭開了法律經濟考量（用摳摳，而不是正義，來進行法律考量）的濫觴，對後續的法律經濟分析起了重大的影響，而其中的核心概念，反事實考量扮演了重要的角色。

思考啟動

根據漢德公式中，一個人是否應採取某項預防作為，取決於預防作為的成本，是否小於所企圖預防的事件的風險損失。請問，你認為這種以「成本考量」為基礎的行為規範理據何在？你是否贊同這種規範考量方式？

在中研院研究員簡資修的論文〈過失責任作為私法自治原則〉一文中，考慮以下的疑問：

> 在駕車事故意外中，天生弱視的駕駛人，相較於視力正常的駕駛人，是否應付更高的過失責任？

針對以上的問題，基於漢德公式的運用，我們來考慮以下兩個說法：

| 說法一 | 天生弱視的駕駛，要避免意外發生所需付出的成本 (B_1)，相較於視力正常的駕駛所需付出的成本 (B_2) 較高 $(B_1 > B_2)$，而因為 B_2 小於 $P \times L$ 的程度，大於 B_1 小於 $P \times L$ 的程度，所以正常視力的駕駛人過失責任較重。

| 說法二 | 天生弱視的駕駛造成損害的機率 (L_1)，相較於視力正常的駕駛 (L_2) 較大 $(L_1 > L_2)$，而且因為我們應該視每一個駕駛人避免意外發生所需付出的成本為相同（理由為何呢？），所以 $B_1 = B_2$，因而 B_1 小於 $P \times L_1$ 的程度，大於 B_2 小於 $P \times L_2$ 的程度，所以天生弱視的駕駛人過失責任較重。

請問，你認為以上兩個運用漢德公式的方法，哪一個較為恰當？

在法律中，除了行為準則的建立有賴於反事實考量，連許多法律都具有反事實考量的內涵，雖然不見得具有反事實條件

句的形式，例如有些法條會說，犯了什麼法該判什麼刑；有些法條會說，做了什麼事是犯了什麼法。但我想再來談談法律經濟分析裡面的例子。

在某次研討會裡，中研院研究員簡資修說道：「從法律經濟分析的觀點來看，法律的形成不見得需要與正義或道德有關，而只是要維持一個可行的社會經濟結構。」作為一個哲學家，這個說法極具衝擊性，簡研究員當時用來說明論點的例子是「公共財的悲劇」(the tragedy of the commons)，聽了之後我同意，確實法律的形成，不只是不見得需要與正義或道德有關，而且，一定需要和反事實考量有關，而其中一個反事實考量的典型用法，在對於思想實驗的使用上。

1968 年，生態學學者哈定 (Garrett Hardin) 在期刊《科學》發表的〈公共財悲劇〉一文中，使用了以下的思想實驗。

> 想像一下，有一片草地免費開放給所有牧羊人放牧，而每一個牧羊人都認為，免費的草不拿白不拿，追求自我利益，便不斷把羊放入免費的牧場，最終因為羊太多，草長的速度趕不及羊吃草的速度，因而悲劇發生，草很快的被吃光，所有的羊沒有草可以吃，不知道過多久以後才會有草可牧羊。　　　　　　　　(Hardin 1968: 1244)

公共財的悲劇不是單純的思想實驗想像，而已在我們身邊發

生。海洋資源取之不用付錢（所以叫做公海），大家拼命捕魚
遲早把魚捕光（聯合國預估 2048 年亞洲的商業捕魚資源會被
消耗殆盡，其他地方只是遲早的問題）；污染環境罰款極輕（污
染環境來賺錢幾乎不用成本），遲早把這個地球毀掉。

　　要解決公共財的悲劇，哈定提出兩個策略，一個是私有
化，一個是公有化及限制使用人，這兩個策略目的都是「想
像」提高使用成本及限制資源使用，以避免悲劇發生。

　　哈定在文章中所採取的思考方式，是一種典型的反事實思
考模式，這種思考設定了一種想像中的悲劇情境，並想像在這
種想像情境中，採用何種策略可以避免悲劇的發生，並以此為
基礎來論述現實世界社會應如何進行規範。從法律經濟分析的
觀點，這種想像中解決公共財悲劇的方式，提供了財產私有化
及公有化的理論基礎，我們不需要從公平、正義、道德、人權
等角度來思考財產權的基礎，而是從解決人類社會面臨的經濟
問題及生活問題來思考財產權。

補充說明

≫ 從想像來規範

　　在道德哲學及政治哲學中，利用想像的情境，來進行對現實
世界的道德及價值論述，是一種常用的手段。例如，英國哲學家
霍布斯 (Thomas Hobbes) 在論述道德規範時，設想我們在沒有道德
的人吃人世界中，稱為自然狀態 (state of nature)，基於理性能力及

求生的目標,會同意「不可以殺人」這樣的道德規範以謀求安全生活,因而論證現實社會中不可殺人的規範是合理的。在羅爾斯 (John Rawls) 的正義理論中,他設想出一個人們對自己的優勢或弱勢無所知的**初始地位** (original position),並推斷在這種狀態中人們會基於理性而同意某些最基本的社會政治制度,例如弱勢者應享有最多的社會福利。

有些哲學家基於兩個重要原因,對於這種論述策略不表苟同。其一,對於在反事實情境進行想像,而後把想像的結果套用在現實情境,其理據何在?第二,反事實想像有多種可能性,到底哪種想像是恰當的、更能符合現實的需求,有待進一步的論述。相關的討論可參考 Dworkin (1973)。

第 3 章 / *Chapter 3*

序曲二：實事如何求「虛」

人們常常認為，科學是一門實事求是的學問，然而，推動因果大革命的科學家們，卻認可了反事實考量在科學中的重要性，並投入為反事實考量尋求證據的工作中，實事求「虛」在科學中竟然扮演了核心位置。但「實」事如何求「虛」呢？我們如何能知道「早上公雞叫不是太陽升起的原因」呢？我們是否只是一廂情願的認為「早上公雞叫不是太陽升起的原因」呢？什麼樣的事實，可以成為「早上公雞叫不是太陽升起的原因」的證據呢？這些問題顯然極難回答，甚至有些人認為，在科學中根本就不該問這些問題，但推動因果大革命的科學家們，竟為我們找到了回答這些問題的方向。

在上一章中提到，路易士的反事實因果理論，解決了從相關性到因果性的重要議題，然而無法解決反事實判斷的正確性來源問題。缺乏反事實判斷的正確性來源，將使得以反事實為

基礎的因果關係，失去任何的客觀經驗基礎。在這個議題上，流行病學學者的方法論構想提供了一個一石二鳥的解決方案，揭開了另一個因果大革命的序曲。

　　從 1970 年代開始（約略與路易士關於因果關係的著作同時期），就實驗設計作為一個科學方法，心理學家及流行病學學者提出了「大解放宣言」：**「對照組就是對實驗組的反事實估算」**（據信最早的相關文獻為 Rubin 1974），這個大膽宣言在流行病學界引發很大的回響。這個大膽的解放有了兩個立即的回報，一方面是實驗設計終於有了因果內涵，因而由實驗設計所得出的觀察結果可被用來進行因果推論；另一方面，這也是流行病學學者所沒料想到的，他們的大膽宣稱，竟提供了一個解決反事實考量正確性來源的絕妙手段。

3.1 對照組是最佳伙伴

　　流行病學的「大解放宣言」，具有多方面的不同意涵，不管是哪一個面向，都徹底改變了科學方法的內涵。讓我們回到本書一開始的例子，我們考慮經由對實驗組與對照組的觀察紀錄，進行因果關係的推論，從結果一及結果二推論出結果三。

| 結果一 | 在經由服用藥物 X 後，實驗組 E 三個月內的存活率為 a。

| 結果二 | 對沒有服用藥物 X 的對照組 C 來說，三個月內的存活率為 b。

| 結果三 | 藥物 X 對實驗組三個月內存活率的因果影響為 $(a–b)/b$。

在討論這個因果推論的當時，我們關心實驗設計的意義，從詢問「為何需要對照組？」、「為何需要兩個組？」這兩個問題開始，而現在，我們很快速的試著用「大解放宣言」來回答這兩個問題（同時也就把「大解放宣言」擺在恰當的位置上），做法是藉由回應第 1 章中所提出的第一個疑惑。

在第 1 章中，我們提到結果三之中包含了一個未被定義的因果概念「因果影響」，使得這個推論究竟在推論什麼，變得難以理解。針對這個議題，我們回想第 2 章中的休姆反事實因果理論，因果關係內含一組觀察事實與反事實關係，因此，根據這個理論，以下的推論是有效成立的。

| 結果一 | 在經由服用藥物 X 後，實驗組 E 三個月內的存活率為 a。
| 結果二* | 對沒有服用藥物 X 的實驗組 E 來說，三個月內的存活率為 $b*$。
| 結果三* | 藥物 X 對實驗組三個月內存活率的因果影響為 $(a–b*)/b$。

結果一是對實驗組的可觀察事實，而結果二*是對實驗組的反事實關係（請注意結果二*裡面談的是實驗組而不是對照組），結果二*成立代表「**如果實驗組 E 沒有服用藥物 X，則三個月的存活率為 $b*$**」成立，所以根據休姆反事實因果理論，我們可以推論出結果三*。

我們目前手上所掌握的可觀察現象是結果二，而不是結

果二*，然而，根據「大解放宣言」，結果二就是被用來**估算** (estimate) 結果二*，也就是說 *b* 就是被用來估算 *b**，因此，從結果一及結果二兩組觀察數據推論到結果三這個因果結論，目標就是在模擬從觀察數據結果一，以及反事實考量結果二*，到結果三*這個因果結論。為何要有對照組？因為要模擬實驗組的反事實狀態。為何實驗設計要有兩組？因為有了兩組，我們有一個組可得到可觀察狀態，並由另一組得到反事實狀態的模擬，才可得到因果關係所需要的兩項資料。

在此或許值得再一次強調，「大解放宣言」的重要性，有賴於因果關係的反事實理論上（因而所有反事實因果理論的苦果，也都得一併承擔）。「大解放宣言」不過是宣稱某個觀察事實可以用來模擬某個反事實關係，而這個宣稱之所以會有任何的用途，依賴在對於反事實關係的運用上，其中之一是反事實因果考量。

在科學家的自我認同中，常聽到一個所謂「實事求是」的說法。實事求是這樣的說法，或許是要表達科學家對於可觀察現象的重視，以及任何理論都需要有可觀察的經驗基礎。然而，這部分的說法其實只是強調「實事」的部分，而並沒有明確的指向「求是」這個部分。根據「大解放宣言」，在科學中最重要的方法，也就是由實驗組與對照組所構成的實驗設計，其實根本就不是實事求是，而是實事求「虛」，我們是在利用可觀察資料，來捕捉不存在的反事實關係，以用來捕捉觀察不

到的因果關連的樣貌。

■ 再論從相關性到因果性

從以上的因果推估觀點，比較三段論背後隱藏的是對反事實理論的運用，但是就第 2 章所強調的，休姆反事實因果理論並不直接因為利用反事實概念就可以區隔相關性與因果性，路易士為了做出這個區隔，而特地排拒了反事實的回溯式思考。在流行病學（及統計學）的文獻中，學者們並沒有直接回應（甚至關心）這個問題，所以我們在這個時間點先做點釐清的工作。

我們第一個應關心的問題，放在流行病學中的因果推估是否符合非回溯式的考量，因而符合路易士的因果影響力架構，可區隔相關性與因果性？答案是否定的，就對照組作為對反事實的因果推估，不關心回溯式與非回溯式的差別。試想，當張三觀察的氣壓計讀數變化伴隨著天氣的變化（相對於實驗組），在因果推估的概念下，對於利用對照組來進行反事實狀態的推估（採用先前沒有讀數變化的觀測作為對照組），所推估出來的是氣壓計在讀數變化的情況下，造成天氣變化。所以，單純的利用反事實推估，比較三段論輕易的會得到錯誤的因果推論，因為在這裡比較三段論無法區隔相關性及因果性。

很顯然的，比較三段論無法利用非回溯式的反事實關係來得到因果性（因為比較三段論中利用對照組所進行的反事實考量，是一個源自對於對照組進行觀察而做出的考量，而不是針

對特定事實進行反事實思考），我們得另覓它法。面對這樣的情況，我們得回到因果性的基本考量上，重新再出發。

讓我們重新思考，路易士為何要用非回溯式思考達到因果性的要求？當觀察到 P 及 Q，非回溯式思考下「若 P 不發生，則 Q 不發生」為真，代表「使 P 不發生的方式，只會透過使 P 不發生來使得 Q 不發生，而不會經由其它方式來使得 Q 不發生」，也就是說，反事實「若 P 不發生，則 Q 不發生」之所以可以用來代表 P 對 Q 的因果影響力，理由是因為「Q 發生」及「Q 不發生」的差異，純粹是來自於「P 發生」及「P 不發生」的差異，所以因果性訴求的是**唯一差異原則** (the principle of unique difference)，而非回溯式思考正是要滿足這個唯一差異原則。

| 唯一差異原則 | P 的發生造成 Q 的發生，代表 Q 發生與 Q 不發生的
差異，純粹來自於 P 發生與 P 不發生的差異。

當比較三段論中的反事實推估無法一般性的滿足非回溯式思考，我們得另覓滿足唯一差異原則的方式，所以我們的腦筋要動到實驗組上面。對做實驗的人來說，我們希望當我們造成實驗組在某個性質上的改變（如藥物治療或環境暴露），這個造成改變的方式，不要同時引入額外的影響因子到所要測量的性質上（如存活率或是康復率），這種特別型態的實驗操作，

稱為**獨立操作介入** (independent intervention)。例如，當我們要探究是否溫度計讀數的變化造成溫度變化，我們希望在實驗組中造成溫度計讀數變化的方法，不要引入溫度計讀數變化以外的因子，來影響溫度變化，以免混淆對於溫度計讀數的變化是否造成溫度變化的因果探究。當我們藉由暖氣機來增加室內溫度以改變溫度計讀數，這並不滿足獨立操作介入；但如果我們是藉由破壞溫度計來改變溫度計讀數，這便符合獨立操作介入的要求。

　　採取獨立操作介入的目的，就是希望所要測量性質的改變，純粹是因為實驗組在某個性質上的改變而造成，而與其他對所要測量性質有因果影響力的因子無關，因而可以滿足唯一差異原則。

| 流行病學反事實因果理論 | 事件 c 對事件 e 有因果影響力，代表以下兩個條件成立：

1. 事件 c 及事件 e 皆發生（而使得 c 成立的方式，不會引進 c 以外但在因果上影響 e 的因子，因而是個獨立操作介入）。
2. 「如果事件 c 沒發生，則事件 e 不會發生」成立。

利用以上的因果影響力概念，將有助於瞭解流行病學中如何捕捉正確的因果影響力。若讀者有機會去看看流行病學文獻，流行病學者們認為他們的因果概念與路易士是一樣的，對實質的

重要差別並沒有被明確的意識到，這導因於學者們並未注意到路易士對非回溯性的因果性要求。

補充說明

» 非化約式因果影響力

　　細心的讀者會發現，在流行病學反事實因果理論中，我們在定義因果影響力的時候，同時在被定義的概念以及用來定義的條件中，都使用了「因果影響力」的概念，從哲學的觀點，一般會認為這犯了所謂「循環定義」的問題，或稱為「非化約式定義」(non-reductive definition) 的問題。所謂的非化約式定義，指的是當我們在定義某個概念 C 的時候，在所使用的概念中，包含了 C 概念。就像是我們要定義什麼叫「美好的生活」時，利用「當事人覺得是美好的生活」來定義，在這樣的定義下，我們用「美好的」來定義「美好的」，這是一種典型的非化約式定義。

　　非化約式定義的問題，來自於這種定義似乎無助於幫助我們理解被定義的概念，因為當被定義的概念是較為不明確的概念時，非化約式定義因為包含被定義的概念，所以無法使得被定義的概念被更明確的理解。相較之下，這種型態的困難，並不會出現在「化約式定義」(reductive definition) 中，因為化約式定義不利用被定義的概念來定義被定義的概念。

　　當路易士利用非回溯性思考下的反事實條件句，來定義因果影響力時，因為非回溯性思考是反事實條件句的一個性質，而且

路易士認為反事實思考不需要依賴在因果影響力的概念，所以路易士認為他提供的是一個化約式的定義。然而，在流行病學反事實因果理論中，顯然沒有做到化約式定義的目標，因而提供的是一種非化約式的定義。

　　許多哲學家對非化約式的定義是有抱怨的，因為在定義中，實際上潛藏著沒有被真正定義的概念。就流行病學因果影響力的非化約定義來說，使用了因果影響力概念，而來定義因果影響力。雖然在實務上這並不會構成流行病學方法論的困擾，但在伯爾的因果模型理論中，這個問題可以獲得解決，在第 4 章中可以看到這個方案如何運作。

　　針對休姆反事實因果理論，我們目前提供了兩個確認因果性的方式，一個是路易士的非回溯式反事實思考，另一個是流行病學中的獨立操作介入，第 4 章中我們將說明，在伯爾的因果模型理論中，理想干預的概念能將這兩個因果性概念統一起來。

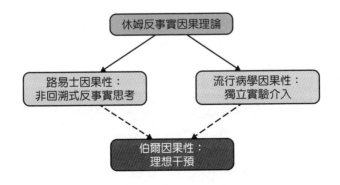

補充說明

» 尼曼—魯賓因果模型

在社會科學領域（如經濟學及社會學），反事實因果理論常被稱為**尼曼—魯賓因果模型** (Neyman-Rubin causal model)，在這個架構下，常把反事實狀況也稱為**潛在產出** (potential outcome)，其他的因果相關概念與流行病學則大同小異。對尼曼—魯賓因果模型來說，某個實驗介入（在個體上）的反事實差異，可被視為因果影響力，有興趣的讀者，可進一步閱讀尼曼—魯賓因果模型的相關文獻。而對任一個因果理論，都可進一步追問以下兩個問題，讀者不妨也在尼曼—魯賓因果模型上進行測試。第一，此因果理論是否滿足唯一差異原則，因而可解決共同因的問題，因為單單訴求反事實關係並不足以建立因果性；第二，此因果理論是否提供一個對於因果影響力的化約式定義，以使得因果影響力概念有一個良好基礎。

因果推論的現在與未來：當哲學文獻成為科學文獻引用的對象

在科學中，有少數科學領域的研究著作中，會引用哲學家的研究成果（論文或專書著作），流行病學的理論性著作是其一，當然還有心理學、意識科學、語言學、以及不確定應該歸屬於電腦科學、數學、還是哲學部門的邏輯學，人工智慧科學以及其他等等。而這種哲學引用背後所象徵的，其實是這些科學領域還在蓬勃的發展狀態中，還沒有進到孔恩 (Thomas Kuhn) 所謂的常態科學 (normal science) 的狀態。而所謂的常態科學，指的是科學家們在既有的工作分項中，把自己的工作完成，就像是螞蟻或是蜜蜂社群中的組成分子一樣的安分守己。

在孔恩發表於 1962 年的名著《科學革命的結構》(*The Structure of Scientific Revolutions*) 一書中，對科學家探討哲學議題有以下的看法。

> 當科學家遭遇理論內無法解釋的現象，或是遭遇理論的危機（因為無法解釋的現象太多），科學家對於現存的理論典範，會採取不一樣的態度，因而他們進行研究的方式也隨之改變。在這樣的一個時期，科學家們會有很多不同的想法產生，科學家們也願意去嘗試許多不同的想法，科學家彼此間會明確的表達出不同意見，科學

> 家會企圖從哲學中尋找可用的資源，也會辯論科學中最
> 基本的原則，而這些科學家的行為都象徵了一種從正規
> 科學到非平常研究模式的轉換。　　　　(Kuhn 1962: 91)

雖然當科學理論遭遇到危機的時候，科學家會開始對哲學產生
興趣，當然，孔恩在書中也提到，當科學革命時期結束而進入
常態科學時期，這種對哲學的興趣也就幾乎完全消失，科學家
們會把哲學當成是完全無關緊要的學問，晾在一邊。

　　當因果推論相關的科學論文還在引用哲學論文的時候，或
許可以作為因果方法論依舊是在進行科學革命的證據。關於這
一點也有許多的現象可以佐證，其中之一是科學家對於因果推
論的基本架構還非常陌生，甚至抱持懷疑態度。而這個科學革
命將於何時結束？對於這個問題，我提供以下的簡單指標：「**當
科學家在關於因果推論的研究著作中，不再引用哲學論文，把
哲學家所討論的內容視為無用之物，或是過往陳跡（如亞里斯
多德的物理學），而把因果關係的討論，視為一開始就是由科
學家所發明。**」當這個指標被觀察到，這代表科學家已經把實
事求「虛」當成是科學研究的基本特質，因果推論作為常態科
學的一環便已然確立。

■ 因果推論的多樣性

　　當我們藉由實驗組及對照組的實驗設計，來介紹因果推論

的獨特性，只展現了從觀察到因果的一個簡單推論模式，而科學中的因果推論模式遠比這種模式更為廣泛而豐富，以下提供一些舉一反三的例子。

國中理化實驗課中，有個關於「溴」的實驗。將溴滴入水中，我們可以看到水呈現紅棕色，再將氫氧化鈉 (NaOH) 放入紅棕色的含溴溶液中，含溴溶液變成無色透明，再將硫酸 (H_2SO_4) 加入無色透明含溴溶液，而後變成紅棕色的含溴溶液。在這個系列實驗中，我們可以進行以下的因果推論。

• 我們可以說加入氫氧化鈉造成紅棕色的含溴溶液變成無色 （或說加入氫氧化鈉是紅棕色的含溴溶液變成無色的原因）。在這樣的說法裡，我們將加入氫氧化鈉的含溴溶液當成實驗組，而將加入氫氧化鈉之前的紅棕色含溴溶液當成對照組，用來估算加入氫氧化鈉的實驗組的反事實狀況。

• 我們可以說加入硫酸造成無色的含溴溶液變成紅棕色（或說加入硫酸是無色的含溴溶液變成紅棕色的原因）。在這樣的說法裡，我們將加入硫酸的含溴溶液當成實驗組，而將加入硫酸之前的無色含溴溶液當成對照組，用來估算加入硫酸的實驗組的反事實狀況。

在以上的因果推論模式裡，實驗組與對照組不是同時間操作，而是區分在兩個不同時段操作，所以我們就不需要有兩個分開的組，而是在一個組上得到兩組結果。

相對於所謂同時性 (synchronic) 的實驗組及對照組，以上所提到的異時性 (heterochronic) 的實驗組及對照組，有其優點及缺點。異時性對照組取用同一物體的不同時間片段，作為實驗組及對照組數據，顯然少用了一個額外的組，或許可以稱為一個較有經濟效益的優點；然而，許多因果影響力與時間相關（有時藥效不會那麼快顯現），只擷取部分的片段，或許會錯失需要更多時間才能顯現的因果影響力。

實驗組與對照組的設計，與所企圖測量的性質有關，對流行病學來說，常關心的性質包括是否服用某種藥物，或是是否暴露在某種環境中，這種「是否」或是「有無」的性質，可被稱為二元性質或二元因子 (binary factor)。然而，有時我們關心的性質有更複雜的特性，不見得是「是否」或「有無」，而是「多寡」或是「數量」的差異，因而被考慮的因果關係是一種「量」上的因果關係。例如在第 1 章中提到的印度實驗報告，實驗組與對照組的差異是餵食大鼠不同比例的蛋白質飲食，進而觀察肝癌的形成與否。所以我們這邊進行的不是單純的「是否」的反事實考量，進行的是「多寡」的反事實考量。

相對於「是否」的反事實考量，「多寡」的反事實考量可被形塑為所謂的對比式因果影響力。

| 對比式因果影響力 | P_1 而非 P_2 對 Q_1 而非 Q_2 具有因果影響力，代表 (i) P_1 及 Q_1 發生，以及 (ii) 如果 P_2 則 Q_2。

根據以上的對比式因果影響力概念，第 1 章中所提到的老鼠蛋白質飲食實驗，所代表的是「攝取百分之二十的蛋白質飲食而非攝取百分之五的蛋白質飲食，造成老鼠產生肝癌而非不產生肝癌」。

　　對比式因果影響力評估常常是實驗的重要目的，例如我們會關心的不止是一個藥物是否有效，同時也考慮藥物用量多寡的差異（在市售非處方藥的使用說明上，常標示十二歲以上及未滿十二歲的用量差異，即為對比式因果影響力的考量）。

思考啟動

　　當我們從模擬實驗組未被實驗介入的反事實狀態，來思考對照組的功能，並從這個角度得到關於實驗介入對實驗組因果影響力的推論；而從另一個角度來說，我們也可以從模擬對照組被實驗介入的反事實狀態，來思考實驗組的功能，並從這個角度得到關於無實驗介入對於對照組因果影響力的推論。例如，以過著美好生活、樂於助人者當實驗組，而過著不美好生活、不樂於助人者當對照組。一方面，當不樂於助人者的不美好生活被視為推估樂於助人者的反事實狀況，則實驗組樂於助人的特性，可被視為造成他們生活美好的原因；另一方面，當樂於助人者的美好生活被視為推估不樂於助人者的反事實狀態，則對照組的不樂於助人

特性，可被視為造成他們生活不美好的原因。

1. 當我們試著利用實驗組來對於對照組進行反事實估算，以求得關於無實驗介入對於對照組的因果影響力，請試著說明這樣的反事實估算如何能成為因果影響力估算，而不只是純粹的相關性估算。

2. 基於反事實因果理論及唯一差異原則，請試著說明如何利用實驗組及對照組，來對任一群體進行實驗介入的因果影響力評估。並說明，當實驗組與對照組的參與者（例如白老鼠），與所企圖估算因果影響力的群體（如人類）有所不同，這種估算有何缺點。

3.2 修正無從得知的錯誤

在「大解放宣言」的脈絡下，我們進一步來探討因果推論的另一個議題：「**為何因果推論是無效推論？而這樣的無效性是否可被一定程度的減緩？**」

3.2.1 比較性干擾

比較性干擾的概念非常簡單，這種干擾來自於對照組與實驗組存在著實驗操作之外的差異。例如，當我們要研究某種藥物對肺癌的治癒率，但是卻用乳癌病人當成對照組，這種對照組無法正確呈現肺癌實驗組沒有使用藥物的反事實情況。

實驗組的觀察結果（結果一），以及對照組的觀察結果（結果二），進而作出因果推論（結果三），這個推論之所以無效，源於結果二是用來推估（結果二*），**這個推估有時不見得是正確的**，因此在這種形式的推論中，即使實驗組及對照組的數據沒有錯誤，也不能保證所推出的因果結論是對的。

| 結果二 | 對沒有服用藥物 X 的對照組 C 來說，三個月內的存活率為 b。
| 結果二* | 對沒有服用藥物 X 的實驗組 C 來說，三個月內的存活率為 $b*$。

在文獻上，當結果二是對結果二*不正確的推估，我們稱這個推估**被干擾了** (confounded)，換句話說，當 $b \neq b*$，我們說用對照組來推估實驗組的反事實狀態被干擾了。文獻上對於「干擾」(confounding) 這個字眼的用法，有各種其他方面不同意涵，後續討論中將會浮現，而針對用對照組來推估實驗組的反事實狀態被干擾，我們稱之為**比較性干擾** (comparative confounding)。

如果發生了比較性干擾，那因果影響力推論可能就會出錯，而對因果影響力推論出錯，我們稱之為**推論性干擾** (inferential confounding)。比較性干擾只是推論性干擾的一個可能來源，我們後續將會介紹另一個可能造成推論性干擾的來源。

比較性干擾是一個奇特的概念，簡單的說，就是指由對照

組對實驗組的反事實估算出錯。因為實驗組的反事實狀況 ($b*$) 是一個我們要推估的值，所以我們並不知道實驗組的反事實狀況 ($b*$) 到底是多少，因而是否對照組的情況就是實驗組的反事實狀況 ($b=b*$)，或對照組的情況不是實驗組的反事實狀況 ($b \neq b*$)，我們根本不得而知。另一方面，實驗組的反事實狀況 ($b*$) 根本是一個沒有被明確定義的概念，所以對照組的情況就是實驗組的反事實狀況 ($b=b*$)，或對照組的情況不是實驗組的反事實狀況 ($b \neq b*$)，也都是沒有被定義的概念。所以說，雖然在流行病學裡討論比較性干擾是一件很有趣的事，但其實沒有人真的完全清楚在討論什麼。然而，科學家務實的特性在此顯露，即使我們沒有完全精準的概念來捕捉實驗組的反事實狀況 ($b*$)，但我們依然可以在約略模糊的範圍裡，來討論比較性干擾的概念。

▐▍簡易分析模型

在格陵蘭 (Sander Greenland) 與羅賓斯 (James Robins) 於 1986 年發表的論文中 (Greenland & Robins 1986)，提供了一個在流行病學中思考因果影響力的簡易模型，值得在這裡介紹，作為提供理解比較性干擾及相關因果概念的基礎。

格陵蘭與羅賓斯是流行病學家，他們一方面同意「大解放宣言」、「對照組就是對實驗組的反事實估算」，另一方面，他們也認知到「大解放宣言」所面臨的困難，也就是會發生所

謂比較性干擾的問題。同時，他們也認知到這個問題非常的嚴
重，因為我們並不是真的完全知道實驗組的反事實狀況，而對
照組只是用來「推估」實驗組的反事實狀況，因此，針對實驗
組的反事實狀況，並沒有一個直接而普遍適用的定義，所以我
們對於比較性干擾的定義，也不算是一個真正的定義。在格陵
蘭與羅賓斯的論文中，他們企圖回答以下的問題：「**我們是否
能在不直接定義實驗組的反事實狀況的情況下，定義比較性干
擾呢？**」

　　格陵蘭與羅賓斯所提出的簡易模型，目標就是要能夠回答
以上所提出的問題。在進一步說明他們的簡易模型前，我們先
來做一些概念上的準備。比較性干擾的問題，代表的是對照組
是否能恰當用來推估實驗組反事實狀況的問題，對格陵蘭與羅
賓斯來說，恰當的定義「比較性干擾」，其實是找出某個「條
件」，在此條件下，是否存在比較性干擾的問題，可以清楚的
被定義。針對這個可以用來定義比較性干擾的條件，格陵蘭與
羅賓斯所提出的簡易模型，將採取以下的策略：「**針對某個特
定性質或因子的實驗介入，尋找某個能呈現此介入所產生因果
影響力的特性，並借此特性在實驗組與對照組的相等與否，來
定義比較性干擾。**」

　　我們來考慮某個疾病的危險因子（抽煙、喝酒或工作超時
等等），我們關心的是暴露在這個危險因子底下（實際上抽煙、
實際上喝酒或實際上工作超時），是否會造成或導致某個疾病

的發生（肺癌、肝癌或心血管疾病等等），所以我們考慮的第一個變因為「有暴露」或「沒暴露」，第二個變因為「有得病」或是「沒得病」。基於這兩個變因的設定，我們可以在以下表格中把「患病類型」分成四類。

表 1

類型及描述	有暴露	沒暴露
類型一：註定得病	有得病	有得病
類型二：有暴露導致得病	有得病	沒得病
類型三：有暴露導致不得病	沒得病	有得病
類型四：註定不得病	沒得病	沒得病

雖然格陵蘭與羅賓斯在論文中沒有明講，但其實這個表格預設了反事實因果理論，這可由類型二及類型三的描述明確看出。以下我們用這個表格來說明一些很重要的概念。

假設我們觀察的是某個「有暴露」的人 E，如果他最後得病的話，我們無法得知此人是屬於類型一或類型二，因而我們不知道是否因「有暴露」導致此人得病；如果此人最後沒得病的話，我們無法得知此人究竟是類型三或類型四，因而我們無法得知此人是否因「有暴露」而沒得病。以上所面對的「無法得知」的問題，稱之為「無法辨識」（non-identifiability）問題。

假設現在我們另外觀察了一個「沒暴露」的人 U，加上先前那個有暴露的人，可以有四種情況。

表 2

情況及描述	有暴露的人 E	沒暴露的人 U
情況一：都得病	有得病	有得病
情況二：只有暴露的人得病	有得病	沒得病
情況三：只有沒暴露的人得病	沒得病	有得病
情況四：都沒得病	沒得病	沒得病

在這個表格裡，無法辨識的問題依舊存在，我們無法基於有暴露的人是否得病，來判斷是否因「有暴露」使得 E 有得病還是沒得病。

但是，假設 E 和 U 是同一種類型的人（用 $E \approx U$ 來代表），我們可以得出第三個表格，其中呈現那個有暴露的人 E 到底是哪一類型的人。

表 3

$E \approx U$			
情況	有暴露的人 E	沒暴露的人 U	E 所屬類型
情況一	有得病	有得病	類型一
情況二	有得病	沒得病	類型二
情況三	沒得病	有得病	類型三
情況四	沒得病	沒得病	類型四

在 $E \approx U$ 的假設下，結合對 E 及 U 的觀察，我們便可得知 E 是哪一類型的人，因而得知 E 有病或沒病是否是由於「有暴露」

所導致，「無法辨識」的問題便可被解決。

在表 3 中，我們假設了 $E \approx U$，這稱為 E 和 U 是「可交換」(exchangeability) 假設，意思是說，E 和 U 在有暴露或沒暴露的情況下，會有相同的有得病或是沒得病的結果。將以上的討論套回關於實驗組與對照組的討論，實驗組是 E，而對照組是 U，當 E 和 U 是「可交換」，代表 U 可以作為 E 反事實情況的完美推估，而不會發生比較性干擾的情況。當我們利用「可交換」的概念來定義沒有比較性干擾，我們可以不用先知道實際上實驗組是哪一種類型的人，也不需要能定義實驗組的反事實狀況是哪一種狀況。

以上的簡易模型是針對特定個體的因果推估，現在延續以四種個體類型的假定，我們要對特定「群體」(population) 來推論「有暴露」的因果影響力。基於一個群體是由個體所組成，所以四種類型的個體在這個群體中有一定的比例（最低比例是零），而除非所有群體中的個體都是屬於某種相同的特定類型，否則這個群體不會整個群體顯現出四種特定類型之一。

現在考慮目前沒得病，而將被施以「有暴露」的實驗組 N_1，以及目前沒得病、而將被施以「沒暴露」的對照組 N_0，並假定 N_1 及 N_0 的總人數相同，而 N_1 及 N_0 群體中四類型的特定個體比例，如下表所示。

表 4

類型	N_1 中的比例	N_0 中的比例
類型一	p_1	q_1
類型二	p_2	q_2
類型三	p_3	q_3
類型四	p_4	q_4

根據以上所設定的比例，實驗結束後我們會得到以下的結果。

表 5

資訊項目	N_1 群體（有暴露）	N_0 群體（沒暴露）
有得病的數量	$(p_1+p_2) \times N_1$（用 A_1 代表）	$(q_1+q_3) \times N_0$（用 A_0 代表）
沒得病的數量	$(p_3+p_4) \times N_1$（用 B_1 代表）	$(q_2+q_4) \times N_0$（用 B_0 代表）
所有人數	N_1	N_0
患病比例	A_1/N_1	A_0/N_0
沒患病比例	B_1/N_1	B_0/N_0
發生率	A_1/B_1	A_0/B_0

根據表 5，A_1 是實驗組 N_1 在有暴露下得病的數量，A_0 是對照組 N_0 在沒有暴露下得病的數量，則兩組在得病數量上的差異 A_1–A_0，是否就是「有暴露」對實驗組 N_1 的因果影響力？

　　兩組在得病數量上的差異 A_1–A_0，要能夠代表「有暴露」對實驗組 N_1 的因果影響力，其充分而必要的條件是 A_0（對照

組 N_0 在沒暴露下的得病人數）要能夠等同於實驗組 N_1 在「沒暴露」下得病的人數，也就是先前所說的，沒有比較性干擾。根據表 1 中的定義，在「沒暴露」情況下會得病的人，是類型一以及類型三的人，而在 N_1 及 N_0 中，代表類型一及類型三的比例，分別是 p_1 與 p_3 以及 q_1 與 q_3，因而 A_0 要能夠等同於實驗組 N_1 在「沒暴露」下得病的人數（也就是沒有比較性干擾），必定是 q_1+q_3 等同於 p_1+p_3（因為 q_1+q_3 就代表 N_0 中沒暴露會得病的比例，而 p_1+p_3 就代表 N_1 中沒暴露會得病的比例，也就是 $p_1+p_3=q_1+q_3$）。

在表 1 所設定的四種類型中，「有暴露」只對類型二及類型三的人造成影響，而且是完全相反的影響，所以，有暴露會對 N_1 整體而言有因果影響力，必定是因這兩類型的人在 N_1 中的比例不同，也就是 p_2 不等於 p_3。從這個角度來看比較性干擾的議題，我們可以追問以下的問題：「如果實驗組與對照組在得病人數上有差異，也就是 A_1 不等於 A_0，是否就代表 p_2 不等於 p_3？」針對這個問題，我們可以提出以下的回答：「在沒有比較性干擾的情況下（也就是在 p_1+p_3 等於 q_1+q_3 的情況下），這個問題的答案為『是』。」以下，我們來對這個問題及回答提供完整的說明。

想像一下，有暴露的 N_1 是實驗組，沒暴露的 N_0 是對照組，當 $A_1 \neq A_0$，根據因果推論（比較三段論）我們可得出「有暴露」造成這個差異，然而，這個推論並不見得能真的代表

「有暴露」對 N_1 造成這個差異。回想四種類型的人，在 N_1 有暴露的情況中，因果影響下而造成得病只會出現在 p_2 所代表的那些個體上，因此在理論上，「有暴露」的因果影響力，應該是 $(p_1+p_2)\times N_1-(p_1+p_3)\times N_1$（$N_1$ 有暴露下得病的人數，減去 N_1 沒暴露下得病的人數），也就是 $(p_2-p_3)\times N_1$。而且，只有當 p_1+p_3 等於 q_1+q_3 的情況下（也就是沒有比較性干擾的情況下），A_1 不等於 A_0 才正確的代表「有暴露」對 N_1 有因果影響力。換句話說，當 p_1+p_3 等於 q_1+q_3，A_1-A_0 等於 $(p_2-p_3)\times N_1$（因為 $(p_1+p_2)\times N_1-(q_1+q_3)\times N_0$ 等於 $(p_1+p_2)\times N_1-(p_1+p_3)\times N_1$）。

　　然而，在這個以群體為實驗操作對象的情況中，$p_1+p_3=q_1+q_3$ 僅代表 N_1 及 N_0 是可交換的情況。當 $A_1-A_0>0$，代表 $p_2>p_3$，而 $A_1-A_0<0$，代表 $p_2<p_3$。然而，這裡出現一個有趣的情況，當 A_1 等於 A_0，是否就代表「有暴露」對群體中的個體沒有影響？因為「有暴露」的因果影響力在群體的操作中，呈現的是「正影響」及「負影響」的總和，所以當 $A_1=A_0$，只代表 $p_2=p_3$，也就是「正影響」及「負影響」的群體人數相等，不代表「有暴露」對群體中的個體沒有因果影響力。所以，即使在數據上 $A_1=A_0$，也不代表「有暴露」對群體中的個體沒有因果影響力，只代表「有暴露」對群體整體沒有因果影響力。

　　從群體的觀點來看實驗操作，當我們只看實驗結果的「量」，我們不見得可完全掌握操作介入的真正因果影響力全貌，事實上，針對群體實驗操作所作出的因果推論，完全不在

意群體內個體的「內在」差異（也就是相應於先前提到的四種
類型），因為內在差異是無法經由實驗操作而得知（這是特異
性問題的展現）。要得到完整的因果影響力資訊，我們得想辦
法（利用某些性質）切割出群體的內部次群體，才能看出操作
介入的完整因果影響力。

補充說明

》為何需要從因果網路的觀點來看

　　從以上的例子中可以看出，對任一特定的實驗介入 X 來說，
當這個實驗介入對某個預定要測量的性質 Y 有因果影響力，代表
我們可以確定在這個世界對 Y 有因果影響力的網路中，X 占有一
席之地；但是當實驗介入 X 對 Y 沒有因果影響力，不代表這個世
界對 Y 有因果影響力的網路中，X 不占有一席之地，或許是 X 對 Y
的因果影響，要在其他特定的配合條件 Z 出現的情況下才會出現，
而 X 及 Z 在對 Y 有因果影響力的網路中，扮演了特殊的關連性，
但要說明這樣的關連性，得在第 4 章中因果模型理論才能被清楚
的說明。

■ 潛在比較性干擾因子

　　在對照組與實驗組的差異中，並非每一個差異都可能會造
成比較性干擾（請讀者留意，我用的字眼是「<u>可能會造成比較</u>

性干擾」，而不是「會造成比較性干擾」，這個差別很重要，而重要性後續會浮現）。再一次的，以下的說明又利用了未被定義的概念。

在實驗組與對照組的差異中，有可能產生比較性干擾的，必定是滿足以下條件的差異，稱之為**潛在比較性干擾因子** (potential comparative confounder)。

| 潛在比較性干擾因子 | C_p 是測量對實驗組進行實驗介入 A 而對性質 B 產生因果影響力的潛在比較性干擾因子，代表 (i) 實驗介入前的實驗組與對照組在 C_p 這個性質上有差異，而 (ii) 性質 C_p 對我們要測量的性質 B 有因果影響力（C_p 這個性質的有無或多寡會對我們要測量的性質 B 有影響）、以及 (iii) 在 C_p 這個性質上的差異，並不是由針對實驗組的實驗介入 A 所造成。

符合這三條件的性質，我們便稱之為潛在比較性干擾因子，而之所以是「潛在」(potential)，是因為這個因子的存在「可能」會導致比較性干擾，但不見得會真的導致比較性干擾。

讓我用格陵蘭與羅賓斯的簡易分析模型，來說明潛在比較性干擾因子的概念。考慮格陵蘭與羅賓斯的簡易分析模型中，潛在比較性干擾因子會出現在不同類型人口的比例上，考慮在表 6 中設定的幾個對照組。

表 6

組別　比例　類型	實驗組（實驗介入前）	對照組 1（可交換）（無干擾）	對照組 2（不可交換）（有干擾）	對照組 3（不可交換）（無干擾）
類型一	25%	25%	25%	20%
類型二	35%	35%	35%	35%
類型三	25%	25%	30%	30%
類型四	15%	15%	10%	15%

┃對照組 1┃ 對照組 1 與實驗組在不同類型人口出現的比例上完全相符，因而沒有潛在比較性干擾因子，所以會有完美推估（可交換）。

┃對照組 2┃ 對照組 2 與實驗組在類型三及四上有差異，因為我們考量的性質是「有得病」，所以對照組 2 與實驗組在類型三上的差異，成為潛在比較性干擾因子，而且會出現比較性干擾（p_1+p_3 不等於 q_1+q_3）。

┃對照組 3┃ 對照組 3 與實驗組在類型一及三上有差異，而因為對照組 3 與實驗組在類型一及三在「有得病」上的差異會相互抵銷，所以不會出現比較性干擾（p_1+p_3 等於 q_1+q_3）。

對照組 3 是一個明確的例子，即使實驗前的實驗組和對照組有差異，但卻沒有發生比較性干擾。

補充說明

≫ 可能錯誤

在關於潛在比較性干擾因子的討論中，我們談到它們的存在「可能」會造成反事實推估的錯誤，我們可以對這個「可能」做進一步的討論。

在哲學上，對於「可能錯誤」的重視，首推笛卡兒。笛卡兒論述，雖然你認為你現在正拿著《因果大革命》一書在看，但**可能**你現在根本在作夢（因為夢境可以栩栩如生，而與真實如此難以區分），所以**可能**你錯誤的認為現在你正在看《因果大革命》一書，因而你不能百分百確定你正在看《因果大革命》一書，所以你並不知道你正在看《因果大革命》一書。

笛卡兒的論證可以用以下的方式來整理。

| 笛卡兒論證 |

| 前提一 | 你可能在作夢。

| 前提二 | 如果你在作夢，那你對於 P 的信念是假的。

| 結論一 | 如果你可能在作夢，那你對於 P 的信念可能是假的。

| 結論二 | 你對於 P 的信念可能是假的。

笛卡兒的論證「你可能出錯」，利用的是你可能在作夢這種「可能的情境」，但這不同於潛在比較性干擾因子所能導致的可

能錯誤，因為我們針對的是當這種潛在比較性干擾因子實際存在的時候，反事實推估可能出錯。

| 潛在干擾因子論證 |
| 前提一 | 潛在干擾因子 C_p 存在。
| 前提二 | 如果潛在干擾因子 C_p 存在，那反事實推估可能是錯的。
| 結論 | 反事實推估可能是錯的。

要論證前提二的合理性，我們得先確認前提二的意涵。簡單來說，我們可以將前提二理解為「在所有潛在干擾因子 C_p 存在的情況中，至少存在某個狀況，這個狀況下反事實推估是錯的。」在這個理解下，前提二是否成立呢？我想是的，大家只需考慮，除了實驗組實驗介入所造成的差異外，對照組於實驗組唯一的差異是 C_p。

如何減少比較性干擾

讓我們延續以上簡單模型的脈絡，回到比較性干擾的議題上。雖然我們沒有對實驗組的反事實狀態直接定義，因而看起來無法得知是否對照組成就了正確的反事實推估，然而，流行病學學者在這裡發現了一個**小漏洞**（而且是一個非常有趣的漏洞），他們找到一個方法，可以在完全不知道實驗組的反事實

狀態為何（甚至沒有定義）的情況下，恰當地對於對照組的推估進行評估。

即使對實驗組的反事實狀態一無所知，但只要對照組和實驗組一模一樣而完全沒有差別，那對照組就可作為實驗組的完美推估，即使實驗組的反事實狀態根本沒有被清楚定義。當然，理論上不存在一個和實驗組一模一樣的對照組，因為任何的對照組至少和實驗組在兩個面向上有所不同，其一是兩組必定占據不同的時空，其二是實驗組有進行某個實驗操作介入，但對照組沒有。

沒有實驗介入的對照組，反而是較為恰當的對照組，因為要推估的是沒有實驗介入（實驗介入前）的實驗組；而對照組與實驗組占據不同的時空，若要使得推估產生錯誤，必定是時空的差異化會對要測量的性質產生因果影響力。順著這個脈絡來思考，我們所希望能來對實驗組反事實狀態，進行完美推估的對照組，是那種**除了對實驗組進行的實驗介入，以及實驗介入所產生的後續因果差異外，與實驗組完全一樣的對照組。**

「隨機取樣」(randomization) 便是得到這樣一個對照組的最佳方法。要能瞭解隨機取樣如何減少比較性干擾，我們要說明幾個重要觀念，分別是 (i) 何謂「隨機」(random)？ (ii) 隨機取樣及隨機分組如何進行？ (iii) 隨機取樣及隨機分組所代表的意義為何？

所謂隨機事件，指的是缺乏發生模式或具有不可預測性。

這樣的說法其實很含糊，在不同領域中有不同的定義，而且，某些意義下的不可預測事件，在另一個意義下並不是不可預測事件。例如，一般會認為銅板丟了後會是正面或反面，是不可預測的隨機事件，但若我們知道銅板的精確物理結構、丟銅板的方式及力道、空氣阻力及落下地面的狀況，理論上是可以預測銅板丟了後會是正面或反面，不過我們不太可能精確的得知這些訊息。對許多人來說，或許真正的隨機事件發生在微觀的量子世界，涉及的討論相當複雜，在此就不進一步討論（相關討論可參考 *Stanford Encyclopedia of Philosophy*，詞條名稱 Chance versus Randomness）。

隨機取樣指的是用一種看似隨機的方式（缺乏特定模式及可預測性的方式），從特定的母群體選取出一小部分的子群體，用子群體作為代表母群體的一種取樣方式。在實驗設計中，隨機分組指的是用一種看似隨機的方式，從特定的母群體分別選出實驗組及對照組兩個子群體，以進行實驗。

隨機取樣及隨機分組的方式有很多，例如，所謂的簡單隨機化(simple randomization)，指的是使用一個序列的隨機指派，將母群體中的個體指派到特定的子群體中。取樣的簡單隨機化（或簡單隨機取樣）有各種不同的方式，如可利用亂數表等等，我們在這裡便不仔細說明。在這裡所要強調的重點，在於當我們從母群體隨機的取出實驗組及對照組，而且取樣的數量夠大，母群體、實驗組、對照組三個群體在各種性質上，就會

非常的相似（如圖 1 所示），雖然不見得會完全一樣。而靠這
種方法，可以有效的消除潛在比較性干擾因子。

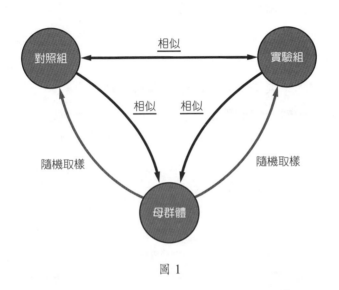

圖 1

　　從一個完整群體中取出實驗組與對照組，有一個極佳的優
點，因為三者的相似性，所以實驗的結果可以從實驗組與對照
組合理的推論到整個群體上。

　　在實務上，我們不見得可以針對整個完整的群體進行隨機
取樣，取而代之的是對手頭上可得的群體，進行實驗組與對照
組的隨機分組。隨機分組的簡單隨機化，最基本常用的方式是
丟銅板，在針對實驗組及對照組兩組的實驗設計中，將丟出正
面的個體指派到實驗組，將丟出反面的個體指派到對照組。當

然，有其他方法進行簡單隨機化，我們可以設計與母群體相同數量的紙牌，每個紙牌有連續而不同的編號，讓抽出單號的個體被指派到實驗組，而抽出雙號的個體到對照組。當然，丟骰子也是個方法，將丟出小於或等於三的個體指派到實驗組，而將丟出超過三的個體指派到對照組。另外，也可以用統計教科書中所附的，或是電腦所產生的隨機亂數。

　　當我們對一個群體進行隨機分組，得出實驗組及對照組，只要這個被分組的群體數量夠大，被分組的群體、實驗組、對照組三個群體在各種性質上，也會非常的相似（如圖 2 所示），雖然不見得保證會完全一樣。而靠這種方法，也可以有效的消除潛在比較性干擾因子。

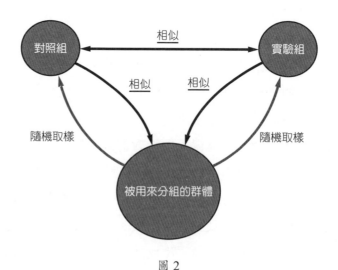

圖 2

其他方法與隨機取樣

除了隨機取樣，還有很多其他減少潛在比較性干擾因子的方法，在這裡便不進行完整的介紹。在理解這些方法的時候，讀者只需要謹記一個基本原則，這些方法都是要盡可能的讓實驗組與對照組相似，以減少潛在比較性干擾因子，以達到兩組可交換的目的。

例如，在利用**限制法** (restriction) 的實驗設計中，將實驗組及對照組限制在特定類型的群體中，例如當性別是可能的潛在干擾因子的時候，限制法可讓實驗組及對照組都只選用女性，以消除實驗組及對照組中因性別差異所成為的潛在比較性干擾因子。另外，在利用**匹配法** (matching) 的實驗設計中，將實驗組及對照組都賦予類似的群體差異性，例如當性別是可能的潛在干擾因子時，匹配法讓實驗組及對照組有相同的性別比例，以消除實驗組及對照組中因性別差異所成為的潛在比較性干擾因子。

相較於隨機取樣，限制法及匹配法顯然有其排除干擾因子的限制，對於那些沒被限制或沒有被匹配的因子，無法消除其作為潛在干擾因子的可能性。同時，進行限制法與匹配法的時候，也可能使得實驗組及對照組的特性偏離母群體的性質，造成實驗組及對照組無法恰當的與母群體相似，因而所得到的實驗結果並無法被恰當的推廣到母群體上。

可以看出，隨機取樣的實驗設計具有許多其他方法沒有的優點，藉由實驗設計而得到因果推論的證據，已成為醫學中的標準證據觀點，甚至隨機取樣實驗設計，也成為了所謂**實證醫學** (evidence-based medicine) 中，證據的**黃金標準** (gold standard)。有興趣的讀者，可參考牛津實證醫學中心所公布的**實證醫學證據等級** (OCEBM Levels of Evidence)，及所提供的相應說明。

思考啟動

所謂某個因子是潛在比較性干擾因子，代表這個因子的存在有可能導致比較性干擾；但某個因子是比較性干擾因子（注意，沒有「潛在」），代表其存在**實際上使得比較性干擾發生**，而以上只定義了潛在比較性干擾因子，但沒有提供比較性干擾因子的定義。比較性干擾因子可以被定義嗎？若可，請試著定義比較性干擾因子；若不行，請說明為何無法被定義。（說明：這個議題的難度高，連筆者都覺得不容易把答案說清楚。）

3.2.2 操作性干擾

在流行病學研究中，實驗組所進行的操作介入，通常為「暴露」(exposure) 或是「治療」(treatment)，但這些操作介入所產生的因果效應，遠比表面上看起來複雜很多。而第

二種造成因果推論無效的原因，稱為**操作性干擾** (operational confounding)，發生於實驗組的操作介入（相對於我們所要測量的性質）引入過多的因果影響力，而成為非獨立操作介入。換句話說，**這個干擾來自於操作介入所引進來的事件，並不完全是實驗設計者心目中所想定的事件**，而要把這種型態的干擾講清楚，有賴引進**事件多重可實現性** (the multiple realizability of event) 這個重要的概念。

▉ 破門而入的兩種方法

　　某日，特種部隊計畫破門而入，要抓恐怖分子並拯救人質，活抓到恐怖分子後還要審問以查明首腦是誰，但破門後便發現三個恐怖分子及所有人質陳屍在客廳，滿身鮮血，看來才剛死亡，何解？

　　我們可以追問以下的問題：「**是否是特種部隊破門而入，造成恐怖分子及所有人質死亡？**」讓我們再考慮一下細節，假定特種部隊破門而入時，用的是強力塑膠炸藥，而恐怖分子及人質的死因（經驗屍後）顯然是被炸死的，而且在破門而入前恐怖分子及人質都在客廳活動（熱顯像儀資料顯示），我們是否會說「特種部隊破門而入，造成恐怖分子與人質死亡？」

　　在這裡，有兩個思考方向。第一個思考方向，直接宣稱破門而入造成恐怖分子及人質死亡，因為特種部隊用了強力塑膠炸藥破門而入；第二種思考方向，宣稱強力塑膠炸藥造成破

門，同時導致恐怖分子及人質死亡，因此並非破門而入導致死亡，而是強力塑膠炸藥爆炸造成恐怖分子死亡，特種部隊使用強力塑膠炸藥是個愚蠢的策略，但破門而入依然可以是一個正確的決定。

現在回到特種部隊考慮如何進行破門而入進攻策略的當時，有兩種破門而入的方法列為選項，一個是使用強力塑膠炸藥來破門，另一個是用超大榔頭直接破門。兩個破門方法一樣有效，在預備活捉恐怖分子及拯救人質的條件下，應採取哪一個做法？基於用強力塑膠炸藥會傷及室內人員，但用大榔頭不會，應選擇使用大榔頭。

任何一個事件都有不同的實現方式，我們稱這為**事件的多重可實現性** (multiple realizability of event)，例如破門而入的兩種方式，或是氣壓計讀數改變的兩種方式（一種是因氣壓改變而發生，一種是惡意破壞而導致）。當實現一個事件或是產生某個行動的方式有所不同，這些實現事件的方式可能會有不同的**連帶效應** (collateral effect)。在因果推論的脈絡中，我們可以區分出究竟是某事件的實現造成某個結果的發生，或是某個導致事件發生方式的連帶效應導致結果的發生，當連帶效應對結果的發生也有因果影響力，我們稱**事件的因果影響力測量被干擾了**，這種干擾被稱為**操作性干擾**，有別於比較性干擾。

當我們把強力塑膠炸藥爆炸所造成的人員死傷，誤以為是破門而入所造成，這是因為我們沒有注意到操作性干擾而導致

因果推論錯誤；當我們把氣壓改變所造成的降雨量改變，誤以為是氣壓計讀數的改變所造成，這也是因為我們沒有注意到操作性干擾而導致因果推論錯誤。這種因果推論的錯誤，不是因為我們對事件的反事實推估上有錯誤，而是沒有區隔事件本身的因果影響力以及使得事件實現的方式所帶入的連帶影響。

回到我們所關心的比較三段論上，操作性干擾會發生在我們對於實驗組的實驗操作方式上，進而導致因果推論的錯誤發生。例如，當人們服用藥物時，會認知到他服用藥物，而這個對「服用藥物」的認知，可能會對疾病的康復產生影響（例如認為可能有救了，所以重新開始積極面對人生，洗心革面做很多的運動、向女友求婚，並且注重飲食養生），但這種基於認知的影響並不是由藥物的因果影響力而來，這種影響使得實驗組的數據被操作性干擾，會誤以為這種認知影響是源於藥物，我們的因果推論會產生錯誤（當我們想要探究的是藥物的因果影響力時）。

當然，操作性干擾是否存在，取決於我們所設定的因果測量對象為何。當我們所要測量的是藥物的因果影響力，「服藥認知」的影響便是操作性干擾；但當我們要測量的是「服藥」這件事整個的影響力（包含藥物、吃藥的動作、對吃藥的認知），「服藥認知」的影響便不是操作性干擾。

◼ 潛在操作性干擾因子

　　相對於操作性干擾，我們也可定義潛在操作性干擾因子如下。

｜潛在操作性干擾因子｜ C_p 是測量對實驗組進行實驗介入 A 而對性質 B 產生因果影響力的潛在操作性干擾因子，代表 (i) 實驗組在實驗介入前與實驗介入後在 C_p 這個性質上有差異，(ii) 性質 C_p 對我們要測量的性質 B 有因果影響力（這個性質 C_p 的有無或多寡會對我們要測量的性質 B 有影響），以及 (iii) 在 C_p 這個性質上的差異，並不是完全由所企圖要實現的實驗介入 A 所造成。

　　符合這三個條件的性質，我們便稱之為潛在操作性干擾因子 (potential operational confounder)，而之所以是「潛在」(potential)，是因為這個因子的存在「可能」會導致操作性干擾，但不見得會真的導致操作性干擾。

　　讓我用格陵蘭與羅賓斯的簡易分析模型，來說明潛在操作性干擾因子的概念。考慮格陵蘭與羅賓斯的簡易分析模型中，潛在操作性干擾因子會出現在不同患病類型人口出現的比例上，考慮在表 7 中設定的幾個操作介入。

表 7

組別 比例 類型	實驗組 （實驗 介入前）	操作 1 （獨立操 作介入） （無干擾）	操作 2 （非獨立 操作介入） （有干擾）	操作 3 （非獨立 操作介入） （無干擾）
類型一	25%	25%	<u>20%</u>	<u>20%</u>
類型二	35%	35%	35%	<u>40%</u>
類型三	25%	25%	25%	25%
類型四	15%	15%	<u>20%</u>	15%

| 操作 1 | 操作 1 與實驗組在不同類型人口出現的比例上完全相符，因而沒有潛在操作性干擾因子，所以是獨立操作介入。

| 操作 2 | 操作 2 與實驗組在類型一及四上有差異，因為我們考量的性質是「有得病」，所以對照組 2 在類型一上的差異，成為潛在操作性干擾因子，而且會出現操作性干擾。

| 操作 3 | 操作 3 與實驗組在類型一及二上有差異，而因為操作 3 與實驗組在類型一及二在「有得病」上的差異會相互抵銷（類型一及類型二的總量在實驗介入前及實驗介入後沒有改變），所以不會出現操作性干擾。

操作 3 是一個明確的例子，說明即使是非獨立操作介入，但卻沒有發生操作性干擾。

消除潛在操作性干擾的威脅：安慰劑、雙盲及三盲實驗

針對消除潛在操作性干擾的實驗設計，首先需要與消除潛在比較性干擾的實驗設計進行區別。簡單來說，消除潛在比較性干擾的實驗設計，目標是要讓對照組與實驗組一樣，而消除潛在操作性干擾的實驗設計，目標是要讓對實驗組的操作介入，不要引入對結果的額外影響因子 (extraneous factor)，若懷疑會有，則需先進行處理。

「服藥認知」是一個典型經實驗操作而引入的額外影響因子，處理的方法之一，是讓對照組也同時服用安慰劑，而基於此項操作，對照組也有服藥認知，所以「服藥認知」就不會造成因果影響力推論出錯。讀者應可看出，服用安慰劑是一種「限制法」的另類運用，這種運用使得雖然實驗組被操作性干擾了，但同時讓對照組有相應的比較性干擾，以消除進行因果推論時的干擾。

近年來生物醫療產業在臺灣蓬勃發展，相關報導也非常多，有關注的讀者應該會注意到所謂的「雙盲實驗」(double-blind experiment) 這個說法。所謂的雙盲實驗，指的是研究人員及受實驗的對象，都不知道哪些受實驗的對象是對照組或實驗組。而所謂的「單盲實驗」(simple-blind experiment)，指的是受試者不知道自己到底是屬於實驗組或是對照組。

雙盲實驗設計具有多方面的目的。首先，若對照組參與者知道自己是對照組，很顯然會明確認知到自己不是真的服用藥物，而是服用安慰劑，那麼用安慰劑來排除潛在推論性干擾因子的目的就不能達成。另一方面，如果研究人員知道參與者是實驗組或對照組，或許在實驗過程中會不小心透露（即使是經由一個眼神，或是在受試者的逼問下），那麼用安慰劑來排除造成因果推論錯誤的潛在推論性干擾因子的目的，也一樣不能達成。

所謂的「三盲實驗」(triple-blind experiment)，除了要求雙盲，還要求收集資料以及分析解釋研究結果的統計工作人員，還包括監測及觀察實驗的相關人等，也不知道哪些受實驗的對象是對照組或是實驗組。三盲實驗所要排除的潛在干擾因子眾多，涵蓋潛在比較性干擾因子以及操作性干擾因子，例如統計工作人員捏造數據以謀求特定結果（這種事情還真的發生不少，在學術界及產業界都有，目的為何請自由發揮聯想），監測實驗的人員（經意或不經意的）透露實驗組與對照組的相關訊息，而導致產生潛在比較性或操作性干擾因子。

補充說明

» 隨機取樣的兩個功能

關於隨機取樣，常被提及的一個功能是讓**抽樣取代普查**，因為普查耗費的資源太龐大，而當透過恰當的隨機取樣，可以得出

與母群體類似的結果，因而可以取代普查。

在本章中，藉由取樣群體與母群體的相似性，隨機取樣顯現了另一個重要功能，可提供實驗設計的因果估算正確性。然而，即使隨機取樣是強大的工具，但卻也不是萬靈丹，隨機取樣對於解消操作性干擾完全沒有用處，消除操作性干擾有賴於各種的實驗設計方法。

3.2.3 推論性干擾

當因果推論不正確，我們稱這個推論被**推論性干擾**(inferential confounding)。比較性干擾以及操作性干擾都可能會造成因果推論的錯誤，而之所以是「可能」，是因為當兩種干擾同時出現的時候，有可能會互相抵銷，因此，我們無法直接由比較性干擾或操作性干擾的存在，直接得出因果推論不正確的結論。

可能存在即使有比較性干擾及操作性干擾，但卻不見得會有推論性干擾的例子，讓對照組服用安慰劑的實驗設計，便是這種情況的標準案例。在對照組服用安慰劑的實驗設計中，當「服藥認知」會影響病人的疾病痊癒率或是死亡率，而且「服藥認知」是唯一存在的潛在比較性干擾因子及潛在操作性干擾因子，此時明確的有比較性干擾及操作性干擾。然而，這兩個

干擾同時存在，在進行因果推論的時候會相互抵銷（假設服藥
認知會增加痊癒率，當實驗組與對照組都有服藥認知，且都因
而增加了痊癒率，因而這樣的痊癒率增加的量會在進行因果推
論時相互抵銷），因此推論性干擾便不存在。

　　針對一個實驗設計來說，目標並不是單純的要減少比較性
干擾或是操作性干擾，而是減少推論性干擾。順著這個脈絡，
我們可以來定義所謂的潛在推論性干擾因子。

| 潛在推論性干擾因子 | C_p 是測量對實驗組進行實驗介入 A 而對性質
B 產生因果影響力的潛在推論性干擾因子，代表 (i) C_p 這個因子在實驗
介入後的實驗組及對照組有差異，(ii) 而 C_p 這個因子對所要測量的結
果 B 有因果影響力，以及 (iii) 在 C_p 這個性質上的差異，並不是完全由
所企圖要實現的實驗介入 A 所造成。

再一次，之所以是「潛在」，是因為這種因子的影響有可能會
相互抵銷。

表 8 無推論性干擾

比例類型 / 組別	實驗組 （實驗介入前）	對照組 1 （可交換）	操作 1 （獨立操作介入）
類型一	25%	25%	25%
類型二	35%	35%	35%
類型三	25%	25%	25%
類型四	15%	15%	15%

表 9 有推論性干擾

比例類型 / 組別	實驗組 （實驗介入前）	對照組 2 （不可交換）	操作 1 （獨立操作介入）
類型一	25%	25%	25%
類型二	35%	35%	35%
類型三	25%	30%	25%
類型四	15%	10%	15%

表 10 無推論性干擾

比例類型 / 組別	實驗組 （實驗介入前）	對照組 2 （不可交換）	操作 2 （非獨立操作介入）
類型一	25%	25%	30%
類型二	35%	35%	35%
類型三	25%	30%	20%
類型四	15%	10%	15%

| 表 8 | 表 8 中，沒有推論性干擾，因為無比較性干擾及操作性干擾。
| 表 9 | 表 9 有推論性干擾，源於比較性干擾。
| 表 10 | 表 10 沒有推論性干擾，因為比較性干擾及操作性干擾相互抵銷（對照組 2 在類型三上面的比較性干擾，使得對照組會多出 5% 沒得病的人，但操作 2 在類型一上的操作性干擾，也使得實驗組會多出 5% 有得病的人）。

補充說明

» 三種干擾

本節中討論了三種「干擾」的概念，分別是用對照組所進行的反事實推估被干擾，實驗介入的影響力測量被干擾，以及因果影響力推論被干擾。讀者或許好奇，這三種干擾中，哪一種才是流行病學中所說的「干擾」？

在流行病學及醫學文獻中，三種干擾的概念都有被採用，但並沒有被明顯的區隔，甚至被混在一起使用，許多人甚至認為只有一種「干擾」的概念。這三種干擾的概念，在比較三段論的架構下可以被明顯的區隔出來，但不利用比較三段論，則較不易被看出，但流行病學家並不特別偏好形式推論（哲學家則特別喜歡到近乎痴迷），或許流行病學家可以考慮採用。

思考啟動

據報導，自從《實驗教育三法》在 2014 年通過後，實驗學校快速增加，至 2018 年，已有超過 100 所實驗學校，學生總人數增加至超過 1 萬人。請試著說明，若要驗證實驗學校的教學，比一般公立學校的教學系統更好，應如何設計實驗，以減少各種潛在干擾因子？

補充說明

≫ 從數據分析來解決

以上的討論中，我們看到了各種從實驗設計方法來排除各種潛在干擾因子所可能造成的因果推論錯誤，在文獻中，則有另一個排除各種潛在干擾因子的研究方向，是透過數據分析 (data analysis)，例如利用所謂的數據匹配法 (matching)、工具變元 (instrumental variable)、差異比較法 (differences in differences)、迴歸斷點 (regressional discontinuity) 等方法，關於這一部分的研究相當蓬勃，也有非常多有趣而豐富的成果，有興趣深入瞭解的讀者可自行取用。

3.3 無法穿透的真理

讓我們考慮以下的問題：「如果二戰時美國沒有在日本投

下原子彈，二戰會更晚結束嗎？」不管你的答案為「是」或「否」，你如何證明你說的是對的？我問的不是你認為「是」或「否」，我問的也不是你說「是」或「否」的理由，我問的是什麼樣的證據（以及你憑什麼說那是個證據），才足以顯示「是」或「否」。

　　上述例子關心的是反事實考量的證據問題，也就是正確性來源的問題，先前提到過，這個問題看似無解，因為反事實考量不是純粹的概念遊戲，但這種對於不存在事件的考量也不會有現實證據。然而，流行病學對於因果推論的研究，將引導我們進入這個議題的另一個層次。

　　本章已就流行病學「大解放宣言」的角度，探討了與因果推論相關的兩個特性，分別是因果概念的定義，以及因果推論的無效性。本節中，我們將討論延伸到因果關係的不可觀察特性（因為根本不存在，所以沒有可以觀察的），這個特性直接連結到反事實判斷的正確性來源議題。反事實判斷的正確性來源議題，源於反事實關係的不可觀察特性，但是這個議題的影響力遠超出不可觀察的面向，足以動搖我們的自我認知，也撼動我們對他人的認知，這個認知涉及到真理的不可穿透性。

　　對流行病學家而言，這個正確性來源的議題，顯然是一個實質的議題，他們也瞭解這個議題的重要性。

反事實考量的對象無法被觀察，因為根據定義，反事實

> 考量所考量的情況根本不存在，反事實考量中所描述的
> 對象是相對於現實情況的假設狀況，根本就不是現實
> 情況。　　　　　　　　　(Maldonado & Greenland 2002: 424)

> 根據定義，反事實情況無法被觀察到，某些人對反事實
> 狀況的這種特性有所疑慮，因而拒絕讓反事實情況的考
> 量成為因果推論的基礎，然而，這些同一批人，卻同意
> 使用那種建立在假設性（因而不可觀察）考量下的統計
> 方法。他們對反事實情況感到不愉快的理由之一，來自
> 於反事實定義下的因果概念，似乎與某種一般想法相衝
> 突，這種想法認為我們可以觀察到因果影響。

> 　　　　　　　　　(Maldonado & Greenland 2002: 427–428)

雖然流行病學者勇敢的提出「大解放宣言」，勇敢的面對許多科學家們將反事實考量指控為不科學，但是他們依然沒有回應對反事實考量的質疑：「**如果反事實情況根據定義就不存在，反事實考量何來對錯之有？即便有，反事實考量對錯的理據何在？**」

▌關於不存在事物的證據

　　讓我們就此拋開反事實考量可以純粹依概念運作而為真的可能性，集中在反事實考量如何有經驗證據的面向上，問題在於：「這怎麼可能？」我們將採取的宣言很簡單，我們接受對

照組是實驗組反事實考量的證據（不只是推估），對照組是不存在物的證據，但這簡單的宣稱需要被辯護。

關於「不存在物的證據」這個說法，聽來挺弔詭的，所以首要之務，得要承認將這種不存在物引入科學考量的合理性，可以考慮以下的建議。

> 對有效知識的追求，使我們不得不把不可觀察的情境納入考慮，反事實情境只是其一。這個做法使我們將反事實情境納入所謂「實在」範圍，這樣的做法是基於實用上的考量，而暫時將不可觀察物納入真理考量的範圍內。
>
> (Morgan & Winship 2007: 285)

很顯然的，將反事實考量納入科學考量的範圍內，是一種「工具性」的作為，考量的重點是這種納入是有用的。

即使我們接受將不存在的事件納入科學考量的範圍內，但我們依然要面對一個潛在的科學信仰，這種信仰堅稱，科學只考量可觀察的現象，或可產生可觀察現象的現象，但不存在物不符合這種科學條件。

■ 逃脫困境

要逃脫這個科學信仰所引發的困難，我們得再一次利用流行病學家所創造的偉大概念轉折，這個概念轉折的結果，讓我們

即使無法定義反事實考量，但依然可以找到反事實考量的證據。

依照一個很直覺的觀點，許多人（也就是大部分的哲學家及科學家）會認為，就算我們將不存在的反事實情況納入考量，我們依然需要對反事實情況有明確的定義，才能奢談何謂反事實情況的證據；反之，我們所謂的證據，是什麼鬼玩意的證據！

然而，流行病學家的策略卻顛覆了這個思考方向。首先，根據流行病學家的策略，即使我們無法直接定義反事實情況，我們對反事實情況的推估依然會有好壞之真。例如，要測量某種藥物對肺癌的效果，用肺癌病人作為對照組，顯然是比用乳癌病人作為對照組更好，而理由就如前所述，乳癌病人作為對照組，顯然會有更多潛在比較性干擾的問題。換句話說，**當對照組作為反事實情況的證據，有些證據比另一些證據更好。**

而事實上，延續潛在比較性干擾因子的概念，我們可以用「沒有潛在比較性干擾因子」的對照組，來作為反事實情況的理想證據，這樣的證據，也就同時定義了實驗組的反事實情況。

總結來說，流行病學的思考轉折，建立在不去直接思考反事實情況到底為何，相反的，而是去思考對照組推估何時可能出錯，而藉由消除可能出錯的情況，便能定義反事實情況到底為何。因此，沒有潛在干擾因子的完美對照組具有一舉兩得之效，一方面可以用來定義反事實情況，另一方面可以用來作為

推估反事實情況的絕佳證據，真是太妙了。

利用沒有潛在比較性干擾因子來定義反事實情況，還有一個絕佳的妙處。表面上看起來，「沒有潛在比較性干擾因子」並不直接告訴我們何謂反事實狀況，但這所謂看似缺點之處，卻是絕佳的優點。對人類而言，反事實考量的困難來自於世界這個「黑盒子」(black box)，我們的考量到底如何會對、如何會錯，超出我們思考及理智所能掌控的範圍（想想，如果你吃了某個藥物，你會發生什麼結果呢？）。為何會超出我們理智所能掌控的範圍呢？因為會有潛在比較性干擾因子！所以「沒有潛在比較性干擾因子」這是揭露這個不可掌控特性的絕佳手法，「沒有潛在比較性干擾因子」並不直接告訴我們何謂反事實狀況，正是顯現人們無法單單用思考及理智穿透反事實情況的現實處境。

人們無法單單用思考及理智穿透反事實情況的現實處境，代表了反事實真理對人類來說是隱晦 (opaque) 的，而恰當的實驗設計，正是提供這個隱晦情境相關證據的一個重要策略，讓我們可以敲破這個世界難以穿透的硬殼。

■ 再論無效論證

流行病學的「大解放宣言」，揭露了比較三段論作為因果推論的意涵，而降低比較三段論無效性的科學方法論思考，將「大解放宣言」提升到另一個哲學家夢寐以求的思想層次。

讓我們回到本書第 1 章中所提出的問題：「**相對於一廂情願的無效推理（我希望 *P*，所以 *P* 為真），比較三段論何以是好的無效推理？**」一個顯然未經深思熟慮的回答，宣稱比較三段論比較可靠，當前提真時，結論為真的機率比較高。這個回答顯然有兩個問題，其一，只有在特殊情況及個例下，比較三段論才比較可靠（例如使用隨機取樣），而人們使用比較三段論常常是很不可靠的。其二，我們關心的問題，焦點是放在比較三段論作為一個「推論形式」為何較佳？比較三段論這種形式並不具有「可靠性」這個性質，可靠性這個性質只在某些比較三段論的例子裡出現。

比較三段論之所以是好的無效推論，是因為比較三段論具有所謂的「真理導引」(truth-guiding) 功能，**所謂真理導引的功能（並非所有的無效推論都具有這種功能），指的是我們可以定義出是哪些因素造成這個推論無效，以及我們提供了處理掉（消除）這些因素的一些方法，以降低其無效性，也就是減少使得推論結果錯誤的因素（因而可指引真理）**。就流行病學的方法論來說，各種潛在干擾因子就是定義了比較三段論可能出錯的來源，而各種實驗設計手段正是用來降低無效性，以減少使得推論結果錯誤的方法。

在流行病學方法論以及各種實驗設計的搭配下，將比較三段論稱為無效科學推理的典範，實不為過。

補充說明

» 科學歸納法作為無效推理

在關於科學推理的討論中，歸納法算是引起最多注目的推理方式，幾乎囊括了關於科學推理的大部分研究，彷彿歸納法是最重要的科學推理方式，有點令人遺憾之感。（我聽過有人認為比較三段論是一種科學歸納法，我相信這只是一種標籤怎麼貼的議題，焦點應放在比較三段論具有方法論及實驗設計上的獨特性，是一般所謂科學歸納法所沒有的特性。）

對於科學歸納法，我們可以注意到它是典型的無效論證，我們對於科學歸納法的核心研究議題之一，是去辯護科學歸納法是一個好的無效推理模式，對科學知識的增長具有重要性。這個問題的困難點如前所述，得說明科學歸納法作為一種論證形式，比一廂情願的推理好在哪裡。換句話說，科學歸納法有導引真理的功能嗎？

對於科學歸納法的辯護問題，以上的疑問著重在科學歸納法是否具有某種良好的推論特性，因而是一種好的無效論證。讀者或許會採取某種所謂懷疑論的觀點，認定科學歸納法根本沒有任何良好的推論特性，從而否定辯護問題的實質意義。然而從某種實用的觀點來看，相較於一廂情願的推理以及偏見推理，基於科學歸納法具有在科學上幫助人類知識增長的實用性，科學歸納法就是比一廂情願的推理為佳，因而辯護科學歸納法的工作勢必會持續進行。

3.4 不存在的線串起一切

反事實關係是一條不存在的線，將所有的因果議題串在一起。針對比較三段論的獨特議題，在反事實因果理論的基礎上，「大解放宣言」下比較三段論具有明確的反事實因果內涵，消除干擾因子的理論對比較三段論的無效性提供辯護，而即使因果關係「不存在」，但無礙將其納入科學考量的範圍內，正是因為干擾因子理論對於這些不存在物，提供了一個正確性來源。而這條不存在的線，也串起其他的因果議題。

▉ 關於從相關性到因果性議題

除了針對比較三段論的特定議題，反事實因果理論也回應了相關性到因果性的議題。在概念上，區隔相關性與因果性的方式，雖然路易士是藉由拒絕回溯式反事實思考來回應，但在流行病學的脈絡下，如先前所述，其實是藉由獨立操作介入的概念來回應，呈現在實驗設計上，**則是藉由消除操作性干擾因子來達成**。進一步從唯一差異原則來看因果性，有助於比較兩種因果性概念如何能區隔相關性及因果性。

在路易士的因果性概念下，我們以可觀察現象為基礎，得到 P 且 Q，訴求非回溯式反事實關係作為因果性的來源，但對於可觀察現象是否為獨立操作介入，則不予計較。當我們從唯一差異原則的角度來看因果性，不管可觀察現象是否為獨立

操作介入，非回溯式反事實關係「若 P 不發生，則 Q 不發生」，其實代表的就是在**相對於可觀察現象的因果脈絡下**，將 P 不發生視為一個獨立操作介入，因而可以滿足唯一差異原則。

而對流行病學的因果性來說，提供了一個另類思考獨立操作介入如何形成因果性的模式。當我們以可觀察現象為基礎（如實驗組），得到 P 且 Q，由對照組所提供的「若 P 不發生，則 Q 不發生」，即使沒有比較性干擾，也不見得符合某種獨立操作介入所得出的「若 P 不發生，則 Q 不發生」，因此要能夠符合唯一差異原則，得在沒有比較性干擾的背景設定上，要求 P 是由某種獨立操作介入所引入（也就是沒有操作性干擾）。

讓我們利用以下的簡單流程圖，來看待兩種得出因果性的方式。

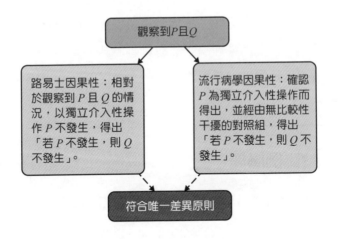

在實務上，這兩種獲得因果性的方式都具有重要性。當我們手上只有觀察數據，而無法進行實驗（例如倫理議題的限制），我們可利用路易士因果性來確認因果影響力，但要完成這項工作得利用特殊的運算工具，來估算獨立操作介入下的反事實情況，下一章將介紹這將如何運作；而如果可以進行實驗，我們便可藉由流行病學因果性，來得出因果影響力的結果。

補充說明

» 唯一差異原則作為因果性的一般原則

在區隔相關性與因果性的議題上，真正的重點應擺在唯一差異原則，而反事實關係、非回溯式思考，以及獨立實驗介入，都只是滿足唯一差異原則的工具。例如，當實驗組被操作性干擾了（如對於服用藥物的認知），在這種情形下，要得出服用藥物的因果性，我們對於對照組提供安慰劑，目的是利用潛在比較性干擾因子，來去除潛在操作性干擾因子，以達到唯一差異原則的因果性要求。反事實因果理論固然有其劃時代的重要意義，但掌握其背後所需滿足的唯一差異原則，就具備了活學活用因果性的思維原理。

關於比例議題

經由以上的簡易理解模型，我們可以回到第 1 章中談到的

比例議題，當暴露在某個環境中（如喝深水井水），有些人有得病但有些人沒得病，這是否還能說所暴露的環境導致那些有得病的人得病？畢竟，有些人有暴露但沒得病！

　　根據格陵蘭與羅賓斯所提供的簡易分析模型，在一個群體中，群體組成分子（例如人）具有其個別的特異性，這種特異性與是否在所暴露的環境中會得病相關，而我們對整個群體的觀察結果，顯現的是這種個體特異性在某個分布比例下的結果。而且，即使對那些暴露後有得病的人來說，也不見得是因為暴露而得病，而可能是就算不暴露也會得病的那種人（類型一），所以不能確定的說是因為暴露導致有得病的個體得病。

　　所以，藉由格陵蘭與羅賓斯所提供的簡易分析模型，我們應該進一步釐清實驗設計所代表的因果意義。在反事實因果架構下，在沒有受到推論性干擾的情況下，實驗組與對照組的反事實差異，僅代表實驗介入在群體上的因果影響力，而不是對個體具有特定意義的因果關係。

▋關心特異性：如何使用因果數據

　　針對許多從科學研究得出的因果數據，要能夠正確的使用它們，需要有許多考量，特異性考量是重點之一，讓我們從癌症標靶藥物來談起。

　　目前已知的癌症有一百多種，而所謂的癌症標靶藥物，其實並不見得總是比其他傳統癌症治療方式，也就是手術、化學

治療、放射線治療來的好，而是針對特定的癌症類型，標靶藥物有較好的療效，所以在使用標靶藥物之前，得進行「分子檢測」(molecular diagnosis) 的工作，涵蓋基因檢測及代謝檢測等等。而相對於所謂傳統的癌症治療方式，標靶藥物顯現其在治療癌症上的特異性。

治療的特異性，是因果關係特異性的一個典型個例。當我們思考：**「如果進行治療 X，是否會比治療 Y 有更好的效果？」** 這個條件句的結論為何，取決於所治療的對象為何，也就是所治療的對象的特性為何，或許對癌症病人一般來說 X 比 Y 好，但對有特殊基因的人來說 Y 比 X 好，這種因果關係的特異性，來自於被進行操作介入對象的性質差異，針對成人或小孩，藥物的用量不同，也正是這樣的道理。

因果關係的特異性，來自於反事實條件句的一個基本特性，稱為**情境敏感性** (context-sensitivity)。對一個「若 P 則 Q」的反事實條件句來說，在某個情況下為真，但在某個情況下卻為假。例如對條件句「將玻璃杯用力往地上摔，玻璃杯破掉」來說，當地板是磁磚地板，這句話是真的，但若地上鋪了厚厚的地毯，這句話是假的。要摔破玻璃杯，得先看看地板的狀況為何，因材施教的道理，也正是如此。

■ 數據議題：觀察數據與實驗數據的差異

任何關於 P 對 Q 具有因果影響力的宣稱，都有賴於觀察

到 P 與 Q 之間的相關性，然而，相關性不代表因果性，這是我們從本書一開始就不厭其煩不斷重複的概念，任何因果性的宣稱，都有賴於找到一個符合唯一差異原則的反事實對照。實驗數據與非實驗的觀察數據，差異在於我們可在實驗設計時，盡可能設計出符合唯一差異原則的實驗組及對照組，但要由非實驗觀察得出因果性，難度就比從好的實驗數據得出因果性高多了。

　　不論如何，非實驗設計的觀察，往往是我們進行因果性推論的起點，當然也會成為我們得出錯誤因果推論的重要來源，即使是非常聰明的科學家，也容易在這個地方犯錯。

　　著名流行病學者魯斯曼 (Kenneth Rothman) 在 1976 年一篇名為〈原因〉的論文中（在 1970 年代，敢為論文取這種名字的科學家，令人佩服），討論了所謂**充分因** (sufficient cause) 及**必要因** (necessary cause) 的概念。魯斯曼將無可避免的會產生某個結果的狀態，稱為充分因；而在某個結果的每一個充分因之中，都包含的某個特性狀態，則稱為必要因。例如，以下三個圖形代表三種某疾病的充分因，而在這三種充分因中，因子 A 都出現，所以 A 可被稱為必要因。

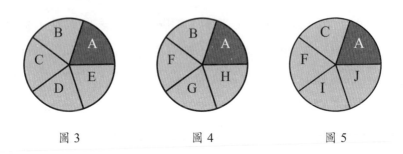

圖 3　　　　　　　　圖 4　　　　　　　　圖 5

就疾病研究的觀點來說，結果通常指的是某種疾病（如癌症），若能找到疾病的必要因，並把這個必要因給消除，往往是預防或是治療疾病的絕佳手段。

在魯斯曼的論文中，充分因是一個沒有被完整定義的概念，所以必要因也隨著意義不明確，但魯斯曼關心的問題依然有其重要意義。我們試著想像以下的情況，在對某疾病 X 進行田野調查的時候，發現儘管不同地點得病的人都有所差異，但有個共同點 Y 是不變的（例如飲用深水井水），每一個得病的人都有 Y 的性質，我們可以合理的詢問：「Y 是否為 X 的必要因？」

「**Y 是否為 X 的必要因？**」這個問題在某個面向是有點無厘頭，因為我們沒有提供給「必要因」一個完整的定義，尤其就魯斯曼的想法來說，我們得先定義充分因，才能定義必要因。然而就科學的務實精神來說，我們還是可以在一個意義不明確的情況下思考，等待未來再將思考的內涵界定得更明確。所以，我們姑且在脫離充分因的脈絡下，將 X 的必要因理解

為**使得 X 發生而不可或缺的因子**，而不可或缺尚未成為一個具有嚴格意義的科學概念，以下我們將進一步討論。

思考啟動

　　讓我們延續使用魯斯曼的概念，將充分因理解為讓結果不得不發生的（一堆）因子。在這個意義下，請說明為何飲用深水井水不是烏腳病的充分因。

　　針對「Y 是否為 X 的必要因？」這個問題，就像飲用深水井水是否為烏腳病的必要因這個問題，是否因為每次有 X 就有 Y，所以 Y 是 X 的必要因？我們的問題，事實上又回到本書一開始的問題，當我們觀察到 Y 總是伴隨著 X 出現，Y 是否為 X 的必要因？如何判定？有何方法？

　　當我們觀察到性質 Y 伴隨著疾病 X 而出現，顯然還不足以判定 Y 是 X 的必要因，而要確認 Y 是 X 的必要因，我們可以採取的一個方法是進行實驗介入。**藉由實驗介入，我們的目標是針對每一個 Y 出現的不同情況，找到一個符合唯一差異原則的反事實狀況，檢驗這個我們認為可能是必要因的 Y，是否真的在每一個不同的情況中，對 X 都具有因果影響力，以確認 Y 是否為 X 發生的不可或缺因子。**

補充說明

》必要因的實用特性

　　每個得 X 病的人都有心臟，是否有心臟是 X 的必要因？或是說，所有得 X 病的人都是活人，所以活著是 X 的必要因？

　　一般來說，學者們傾向把「有心臟」或是「活著」這種特性，當作是疾病的**背景條件** (background condition)，而不視為是必要因。從反事實因果理論的觀點，把這些所謂的背景條件視為必要因，也不是太值得爭議的問題，例如魯斯曼在著作中，也把「有盲腸」視為是得盲腸炎的必要因，把「有肺結核桿菌的存在」視為得肺結核的必要因，雖然這兩個因子看來比較像是背景條件。

　　通常，哪些應被視為必要因或是被視為背景條件，與目的考量有關。從疾病預防的觀點，「有心臟」、「活著」、「有盲腸」、「有肺結核桿菌的存在」，視為是一種背景條件或許無礙，因為這些並不是疾病預防所要干預的對象，畢竟疾病預防是要在兼顧務實及具可行性的條件，且也讓人活著的前提下進行。而對火而言，「有氧」可被視為必要因（在考慮如何滅火的情況下）、也可被視為是背景條件（在考慮如何生火的情況下）。

爆發：笛卡兒式革命

當笛卡兒革命性的用直角座標系的算數系統來表現幾何學，幾何學就超越視覺的理論，而成為精準且明確的算數分支；類似的，當伯爾因果模型理論用算數化的方式來表現因果關係，因果關係就不再遭受虛無與含混的困窘，成就了所謂笛卡兒式因果大革命的核心環節。這個因果大革命的主角是理想干預運算，利用理想干預運算，我們可以定義路易士利用非回溯式反事實思考所得出的因果性，也可以定義流行病學理論中，利用獨立操作介入所定義的因果性，而因果性背後的唯一差異原則，由理想干預運算來表現，更是再完美不過。除此之外，許多從前被視為難以表達的因果觀念，都在因果大革命的架構下，獲得了可被精準言喻的機會。

伯爾在 2000 年出版的《因果：模型、推理、與推論》一書中，首次勾勒了完整的因果模型理論圖像。因果模型理論是

一個建立在聯立方程式上的數學理論，這個理論可以精準的對先前介紹的因果概念，提供一個準確的數學定義，而這個數學定義也可以準確的與實驗設計的概念相結合，稱為**因果關係的笛卡兒式革命** (The Cartesian Revolution of Causal Relation)。我們在國中數學中所學的笛卡兒幾何座標系統，將幾何圖形與代數緊密扣連，使得以視覺為基礎而具有不確定性的幾何學，進化為以代數為基礎而具有確定性的算術解析幾何，成為後續研究及實務中精確幾何表達的基礎之一。而伯爾所引發的笛卡兒式革命，將因果概念與聯立方程式的操作緊緊相扣，使得我們日常生活及科學實作中未被明確化的直覺因果概念以及實驗設計操作，透過可被精準定義的計算模式，進化為一個具有算術模型的科學方法論，構作了可被運算的因果思維及電腦人工智慧因果推理的基礎。

很幸運的，因果模型理論的數學模型所能表達的因果概念，大部分都能在不使用數學理論的簡單圖形中來表達（所以我可以遵守承諾，在書中不使用任何一個數學方程式），這也將是本章所規劃的方向。關於從數學的角度來進一步刻畫伯爾的笛卡兒式革命，筆者也邀請讀者參考筆者另一本著作《另類時空圖書館》。

近幾年來，當我向不同學術領域的學者們（涵蓋科學領域或是人文領域），提到因果關係的數學模型以及可被運算，學者們無不驚訝萬分，而當我有機會向他們進一步說明如何運算

因果關係，他們對如此精巧而具有豐富意涵的運算設計皆有難以置信的感動，期待讀者們閱讀完本章後也有類似的情緒波動。

　　只有在多年來被眾多不同的因果理論所困窘後，才能完整體會到伯爾因果模型理論的重大突破。雖然學者們對因果理論的研究，隱約的朝向同一個因果概念邁進，而只有在伯爾的因果模型理論中，所有重要的細節才被全部搞定，而天使就藏在細節裡。

4.1 白雪公主與氣壓計

　　白雪公主與氣壓計，表面上看起來沒有關連，實際上也沒有，之所以擺在一起，源於筆者將用它們來介紹因果模型理論，本節將集中說明決定性因果模型，下一節將介紹機率因果模型。

4.1.1 關於白雪公主

　　我們只關心白雪公主故事裡發生的兩個重要事件，一個是白雪公主吃了皇后的毒蘋果而昏迷，另一個是王子親吻了昏迷的白雪公主，而後白雪公主清醒。以上兩個重要事件都是因果宣稱，第一個宣稱白雪公主吃了皇后的毒蘋果是白雪公主昏迷的原因，另一個宣稱王子親吻了昏迷的白雪公主是白雪公主清醒的原因，而這兩個因果宣稱也構作了整個故事的兩個高潮，

我們從一開始擔心白雪公主，希望她不要吃毒蘋果（因為吃毒蘋果會導致昏迷），而後我們期待王子親吻白雪公主（如此做會讓白雪公主醒來）。

設定事件關連性

讓我們先暫別童話故事的美好享受，回過頭來看看，伯爾的因果模型理論如何將這兩個宣稱的因果關係清楚呈現。首先我們先來設定這兩個事件中的三種事件類型，分別是「白雪公主是否吃毒蘋果」、「白馬王子是否親吻公主」，以及「公主是否昏迷」。將這三種事件類型稱為變元，分別用英文字母 P、K 以及 C 來代表，而將答案「是」用數值 1 來代表，將答案「否」用數值 0 來代表，因而可得到以下變元數值與事件間的相對應關係。

$P = 1$ 代表白雪公主吃毒蘋果

$P = 0$ 代表白雪公主沒有吃毒蘋果

$K = 1$ 代表王子親吻公主

$K = 0$ 代表王子沒有親吻公主

$C = 1$ 代表白雪公主陷入昏迷

$C = 0$ 代表白雪公主沒有陷入昏迷

更進一步，我們可以思考這三種事件間（也就是變元值）的決

定性關係，可以用以下表格來表示（變元值的決定關係可用函數來表達，也可以由多個函數來表達變元值決定關係，因而因果模型也是一種**結構方程模型** [structural equation modeling]，但本書未使用函數這種數學方程式表達）。

表 11

昏迷與否 親吻與否	吃毒與否 $P = 1$	$P = 0$
$K = 1$	$C = 0$	$C = 0$
$K = 0$	$C = 1$	$C = 0$

基本上白雪公主是否昏迷，取決於公主是否吃毒蘋果以及王子是否親吻公主，只有在公主吃了毒蘋果而王子沒有親吻公主的情況下，公主才會昏迷；但在我們考慮的三種事件的範圍內，沒有任何事件決定公主是否吃毒蘋果，或是王子是否親吻公主。

▉ 畫出因果圖形

根據以上所設定的事件關連性，我們就可畫出這些事件間的因果關連。首先，因為我們把每一個事件類型視為一個變元，所以我們的變元有三個，分別是 P、K 及 C。其次，當變元 P 及 K 共同決定 C 的數值，此時我們從變元 P 及 K 各畫一

個箭頭到變元 C 的上面,而因為在所考量的事件類型中,沒有其他事件類型來決定變元 P 及 K 的數值,所以沒有任何箭頭指向變元 P 及 K,如圖 6 所示。

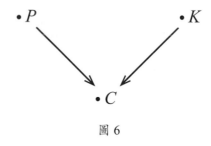

圖 6

以上這個圖形中,將所有考慮的事件類型(變元)標示出,並以變元值之間的決定關係來加上箭頭,稱為**因果圖形** (causal diagram)。

在因果圖形中,我們可以區分出兩類的變元,第一類是沒有被任何箭頭所指的變元,如變元 P 及變元 K,我們稱這種變元為**獨立變元** (exogenous variable, independent variable);另一類是有被箭頭指到的變元,如變元 C,我們稱這種變元為**依賴變元** (endogenous variable, dependent variable)。

在因果圖形中,對某個序列的變元 X_1、X_2、$\cdots$、X_n 來說,當任兩個變元 X_i 及 X_{i+1} 之間為因果相干(有個箭頭由 X_i 指向 X_{i+1}),我們稱有一個 X_1 到達 X_n ($X_1 \rightarrow X_2 \rightarrow \cdots \rightarrow X_n$) 的**因果路徑** (causal path)。

　　從因果路徑我們可以建立**因果相干性** (causal relevance) 這個概念。對因果圖形中的兩個變元 X 及 Y 來說，當存在一個從 X 到 Y 的因果路徑，我們便說 X 對 Y 具有因果相干性。對某個箭頭直接從變元 X 指向變元 Y 的因果路徑，在這個特殊情況下，我們說 X 對 Y 具有**直接**因果相干性。因果相干性連結到因果圖形中箭頭所代表的一個有趣而清楚的內涵：「對某個從變元 X 指向變元 Y 的因果路徑，這個因果路徑所呈現的因果相干性代表變元 X 的值參與了決定變元 Y 的值。」因果相干性意謂的是兩個「變元」之間的因果關連，這個因果概念與先前幾章中提到的因果概念有很大的區別。在先前幾章中，我們所談的因果概念所關切的是一種「事件」間的關係，如因果影響力談的是事件間的因果關連。在因果模型理論中，用來代表事件的是像 $X=n$ 這種變元帶有值的表達式，所以變元間的因果相干性概念，其實是非常特別的人造因果概念，企圖用一種抽象的數學觀念，來捕捉事件間的因果關係。但讀者應把因果相干性的重點，放在變元的值之間的決定性關係（因為某個變元的特定值即代表特性的事件），而無須過度解讀因果相干性的內涵。

　　在我們對因果圖形所賦予的因果內涵之下，並不是所有可能的因果圖形，都具有實質而有意義的因果內涵，例如以下兩個圖形的因果內涵是有疑慮的。

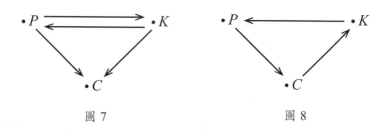

圖 7 　　　　　　　　　　　圖 8

針對圖 7，變元 P 對 K 有因果相干性，而變元 K 對 P 也有因果相干性，因而 P 與 K 之間是相互因果相干（因而可互為因果），這顯然很古怪，因為因與果總是有個方向性。針對圖 8，變元 P 對 C 有因果相干性、變元 C 對 K 有因果相干性、而變元 K 對 P 也有因果相干性，而在因果關連具有傳遞性的情況下，代表 P 對 P 有因果相干性，這種自我因果相干性也是詭異到不行。

　　在理論上，具有現實意涵的因果圖形，也是相關研究上探討的重點，集中在所謂的**有向非循環圖** (directed acyclic graph)，簡稱 *DAG*。我們說一個圖是有向的，指的是變元間的連線是有箭頭的，而一個圖是非循環的，指的是在圖中沒有一個變元與箭頭的序列會從一個變元開始，又回到同一個變元。例如，圖 7 及圖 8 都不是 *DAG*，在圖 7 中，有一個變元與箭頭組成的循環序列 P → K → P，從變元 P 開始，又回到變元 P；在圖 8 中，有一個變元與箭頭組成的循環序列 P → C → K → P，從變元 P 開始，又回到變元 P。圖 6 是 *DAG*，因為沒有變元與箭頭組成的循環序列。

有標值的因果圖形

在因果圖形 6 中，我們沒有標記任何數值在圖形中的變元上，而其實我們可以將**符合變元間決定關係的數值**標記在變元上，稱之為有標值的因果圖形。

在對因果圖形中的變元標值的時候，針對獨立變元，我們可以將它標上任一個它的可能值，而不致於不符合變元間的數值決定關係。而當獨立變元的值都標完了，針對依賴變元，我們得由變元間數值的決定關係來標上變元值，才不會不符合變元間數值的決定性關係。

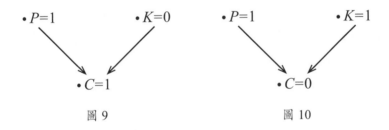

圖 9　　　　　　　　　圖 10

以上兩個標值圖形，讀者可自行檢驗所標示的值符合表 11 所給定的變元間數值決定性關係。

我們將一組變元間的決定性關係，再加上一組符合決定性關係的值，稱為**因果模型** (causal model)。從一個極度簡化的觀點來看，有標值的因果圖形，其實就代表了大部分因果模型中的有用訊息，所以有標值的因果圖形將是我們主要表現因果

模型的方式。

在眾多有標值的因果圖形中，有些標值圖形中的值可代表真實世界的樣貌，例如，圖 9 中的標值，可代表故事中公主吃下毒蘋果後、但王子尚未親吻公主前的情況；而圖 10 中的標值，可代表故事中王子親吻公主後的情況。

▐▐ 有標值圖形與反事實關係

藉由有標值因果圖形，及其背後潛藏的變元間決定關係，我們就有足夠的資源來定義反事實關係。

以下我們所針對的反事實關係，其表達方式為具有「如果 *P* 則 *Q*」的條件句，其中 *P* 及 *Q* 代表事件，而因為在我們的因果模型理論中，帶有特定數值的變元被用來表達特定的事件，所以反事實關係的表達式，具有類似「如果 $X=n$ 則 $Y=m$」的形式，例如「如果 $K=1$ 則 $C=1$」。例如，在白雪公主的例子中，$K=1$ 代表王子親吻了公主，而 $C=1$ 代表白雪公主昏迷，所以「如果 $K=1$ 則 $C=1$」代表「如果王子親吻了公主，則公主昏迷」。

當我們在評估反事實條件句的時候，我們是針對某個有標值的因果圖形（或是因果模型）來評估，所以在某個標值因果圖形中某反事實條件句為真，不代表在另一個標值因果圖形中，這個反事實條件句也為真。而針對某個反事實條件句如「如果 $K=1$ 則 $C=1$」，我們評估的方式分為兩個步驟：**第一，**

找出前件 *K*=1 為真所代表的反事實情況；第二，看看 *K*=1 所代表的反事實情況中，*C*=1 是否成立。

　　針對第一個步驟，我們找出反事實情況的方式，是利用伯爾所發明的理想干預運算，用 *do*(.) 來代表。

| 理想干預運算與反事實情境 | 對一個帶標值的因果圖形 *G* 來說，事件 *X*=*n*（如 *K*=1）所代表的反事實情境，就是因果圖形經理想干預運算 *do*(*X*=*n*) 後的標值因果圖形。

而理想干預運算的計算方式區分為兩種狀況，第一種較為單純，第二種較為複雜。

　　第一種狀況為對獨立變元的數值進行理想干預運算，這種運算的模式如下。

| 對獨立變元進行理想干預運算 | 對一個帶標值的因果圖形 *G* 來說，對某個獨立變元 *X* 進行理想干預運算 *do*(*X*=*n*)，所得出的結果為 (i) 將變元 *X* 的標值更改為 *n*，(ii) *X* 以外的獨立變元標值不變，(iii) 依 (i) 及 (ii) 的設定，重新依獨立變元值及變元決定關係來計算所有依賴變元的標值。

例如，當我們對標值因果圖形 9 進行理想干預運算 *do*(*K*=1)，可以得到標值因果圖形 11。

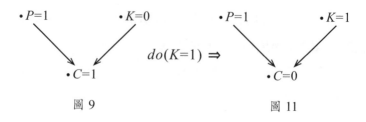

圖 9   圖 11

根據以上對 *do*(*K*=1) 的定義，*do*(*K*=1) 針對圖 9 進行的工作為
(i) 將 *K*=0 改為 *K*=1，(ii) *P*=1 維持不動，(iii) 根據獨立變元值
及變元間的決定性關係表 11，將 *C*=1 修改為 *C*=0。

　　理想干預運算的第二種狀況，為對依賴變元的數值進行理
想干預運算，這種運算的模式如下。

| 對依賴變元進行理想干預運算 | 對一個帶標值的因果圖形 *G* 來說，
對某個依賴變元 *X* 進行理想干預運算 *do*(*X*=*n*)，所得出的結果為 (i) 將
X 變成一個獨立變元（將決定 *X* 值的決定性關係直接取消，其他的變
元值決定關係不變），(ii) 將更改為獨立變元的 *X* 標值更改為 *n*，(iii) *X*
以外的獨立變元標值不變，(iv) 依 (i)、(ii) 及 (iii) 的設定，以及獨立變
元值和剩下的變元值決定關係，重新計算所有依賴變元的標值。

例如，當我們對標值因果圖形 9 進行理想干預運算 *do*(*C*=0)，
可以得到標值因果圖形 12。

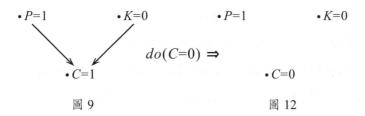

圖 9　　　　　　　　　　　　　圖 12

根據以上對 $do(C{=}0)$ 而 C 為依賴變元的定義，$do(C{=}0)$ 針對圖形進行的工作為 (i) 將 C 改為獨立變元，所以取消由 P 及 K 指向 C 的箭頭，(ii) 將 C 的值改為 0 而 (iii) $P{=}1$ 及 $K{=}0$ 維持不動，(iv) 根據獨立變元值及變元間的決定性關係，決定其他依賴變元的值（無改變）。

　　現在，我們可以進行評估反事實條件句的第二個步驟。針對反事實條件句「如果 $P{=}0$ 則 $C{=}1$」在帶標值因果圖形 9 中是否成立，我們來看圖 9 經過運算 $do(P{=}0)$ 之後，產生了圖 13。

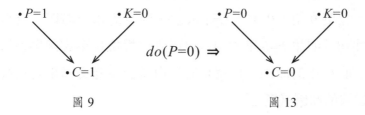

圖 9　　　　　　　　　　　　　圖 13

而因為圖 13 中 $C{=}0$，所以 $C{=}1$ 不成立，因而「如果 $P{=}0$ 則 $C{=}1$」在帶標值因果圖形 9 中不成立。相對的，「如果 $P{=}0$ 則

C=0」在帶標值因果圖形 9 中成立。

　　根據以上所示的兩步驟評估反事實條件句的方法，「找出前件為真的反事實情況，而後看看在此反事實情況中後件是否成立」，我們可以用以下較為精確的方式來表達。

| 反事實條件句——因果模型觀點 | 對一個帶標值的因果圖形 G 來說，反事實條件句「如果 $X=n$ 則 $Y=m$」成立，代表對 G 進行理想干預運算 $do(X=n)$ 所產生的標值因果圖形中，$Y=m$ 成立。

　　藉由以下的簡單設定，我們便可在因果模型理論中，看出反事實條件句的因果內涵。對於一個變元 X 及其數值 $X=1$ 來說，我們用 $X \neq 1$ 代表 $X=1$ 沒發生，而如果 X 只有 1 和 0 兩個可能值，$X \neq 1$ 和 $X=0$ 代表相同的事件。當 X 不只有兩個可能值的時候，我們再來考慮 $X \neq n$ 更廣義的意涵。

　　現在，讓我們來看一下由以上的結果中衍生出的內涵。首先，在圖 9 中，$P=1$ 及 $C=1$ 成立，而且經以上證明，反事實條件句「如果 $P=0$ 則 $C=0$」也成立，根據反事實因果理論，$P=1$ 是 $C=1$ 的原因，也就是說，白雪公主吃毒蘋果是白雪公主昏迷的原因（搞定）。

　　現在，我們來考慮一下，經由理想干預運算，是否可以在圖 9 中，恰當的呈現「白雪公主昏迷」不是「白雪公主吃毒蘋果」的原因。我們來考慮「如果 $C=0$ 則 $P=0$」是否成立，根

據圖 12，其中 $P=1$，所以「如果 $C=0$ 則 $P=0$」不成立，因而即使在圖 9 中 $C=1$ 及 $P=1$，但因為「如果 $C=0$ 則 $P=0$」在圖 12 中不成立，所以 $C=1$ 不是 $P=1$ 的原因（完美）。

　　由以上的結果可以看出，由理想干預運算下所定義的反事實條件句評估方式，可用來恰當的捕捉因果關係。以下我們將進一步利用理想干預運算，來處理氣壓計的因果關係，之後就可進一步來說理想干預運算的重要內涵。

思考啟動

　　在安徒生的童話故事《美人魚》（不是動畫電影《小美人魚》）中，描述了一個或許不太符合女性主義精神的故事，我們只來看其中結尾的部分。

> 小美人魚公主為了要得到王子的愛，尋求深海女巫的協助，女巫的藥水可以讓小美人魚公主化身成人形，但若無法與王子結婚，小美人魚公主便會成為波浪上的泡沫死去。王子最後與鄰國的公主結婚，小美人魚在隔日的朝陽下化成為波浪上的泡沫死去。其中的插曲是小美人魚公主的姊姊們，從深海女巫處得到一把匕首，若小美人魚公主在王子結婚的夜晚用匕首殺了王子，就可以避免在隔日的朝陽下化成波浪上的泡沫死去，並且可以變

回人魚回到海裡生活。

請根據以上美人魚的故事，利用以下設定的五個變元，建構一個美人魚故事的因果模型。

$M = 1$ 代表美人魚喝藥水　　　　$D = 1$ 代表美人魚殺王子

$M = 0$ 代表美人魚沒喝藥水　　　　$D = 0$ 代表美人魚沒殺王子

$H = 1$ 代表美人魚變成人　　　　　$B = 1$ 代表美人魚變成泡沫

$H = 0$ 代表美人魚沒變成人　　　　$B = 0$ 代表美人魚沒變成泡沫

$O = 1$ 代表王子和美人魚結婚

$O = 0$ 代表王子和其他人結婚

在建構美人魚因果模型時，應完成四項工作：(i) 寫出變元間決定性關係；(ii) 依變元決定性關係畫出因果圖形；(iii) 說明美人魚的故事如何符合變元間決定性關係；(iv) 根據美人魚的故事，對因果圖形標值。

4.1.2 關於氣壓計

氣壓計是設計用來測量氣壓，因而氣壓計的讀數變動代表氣壓的變動，而之所以要測量氣壓，是因為氣壓的變動會造成天氣的變動。所以，讓我們用三種事件類型及相對應的變元，分別是「氣壓是否有變動」(P)、「氣壓計讀數是否有變動」

(R)，以及「天氣是否有變動」(W)，來考慮氣壓計的因果模型。

　　首先，我們來設定變元間的決定性關係，我們有一個獨立變元 P，而變元 R 及變元 W 個別依賴在 P 上。

表 12

氣壓是否變動	P = 1	P = 0
氣壓計讀數 是否變動	R = 1	R = 0

表 13

氣壓是否變動	P = 1	P = 0
天氣狀況 是否變動	W = 1	W = 0

根據表 12 及表 13，可得到以下的因果圖形。

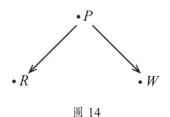

圖 14

若要將以上的因果圖形標值，其實不難看出，只有以下兩種可能性。

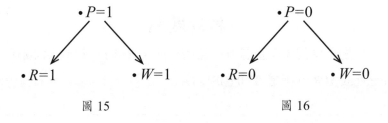

圖 15　　　　　　　　　　　　圖 16

根據圖 14，我們其實可以輕易的看出，變元 *R* 對變元 *W* 沒有因果相干性。

基於變元 *R* 對變元 *W* 沒有因果相干性，我們預期，變元 *R* 所可定義的事件，對於變元 *W* 所可定義的事件沒有因果關係（影響力），對於這個預期，我們可以用標值因果模型圖 15 來說明結果。對圖 15 來說，*R*=1 及 *W*=1 成立，但是，「如果 *R*=0 則 *W*=0」不成立，考慮以下對於圖 15 所進行的理想干預運算 *do*(*R* = 0)。

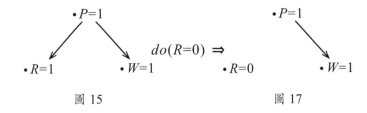

圖 15　　　　　　　　　　圖 17

根據理想干預運算 *do*(*R*=0) 的結果，「如果 *R*=0 則 *W*=0」不成立，因而我們可得出 *R*=1 對 *W*=1 沒有因果影響力。

思考啟動

針對標值因果模型圖 16，證明「如果 *R*=1 則 *W*=1」不成立，並借此說明 *R*=0 不是 *W*=0 的原因。

　　請設計溫度計的因果模型，並利用理想干預運算 *do*(.) 來說明，為何溫度計讀數變化不是溫度變化的原因。

4.1.3 理想干預運算與因果影響力

　　我們利用理想干預運算 *do*(.) 來算出反事實情境，而這個運算是因果模型理論的核心概念，值得進一步在其算術意義之外，細說其現實及科學意涵。

▇ 定義因果影響力

　　根據以上對反事實條件句的運算方式，初步看來，因果模型理論是理解反事實條件句的好方式，而藉由這個方式，也提供了一個理解因果關係的好方法，然而，這個做法需要進一步的釐清。

　　我們來考慮以下這個例子。針對反事實條件句「如果 *K*=1 則 *C*=1」在帶標值因果圖形 9 中是否成立，我們來看圖 9 經過運算 *do*(*K*=1) 之後，產生了圖 11，而因為圖 11 中 *C*=0，所以 *C*=1 不成立，因而「如果 *K*=1 則 *C*=1」在帶標值因果圖形 9 中不成立。相對的，「如果 *K*=1 則 *C*=0」在帶標值因果圖形 9 中成立。基於在圖 9 中 *K*=0 而 *C*=1 成立，以及「如果 *K*=1 則 *C*=0」，我們可以說 *K*=0 對 *C*=1 有因果影響力（也就是說，「王子沒有親吻公主」對「公主昏迷」有因果影響力），這看來是

一個合理的說法。然而,當我們試圖從 $K=0$ 對 $C=1$ 有因果影響力,來進一步宣稱 $K=0$ 是 $C=1$ 的原因(也就是說,王子沒有親吻公主,是公主昏迷的原因),這個說法看起來便太不合理甚至荒謬(這再一次顯示 2.2 節中所提到的,反事實因果理論所直接捕捉到的是因果影響力,而不見得是直覺上的因果關係),畢竟,若「王子沒有親吻公主,是公主昏迷的原因」,這明顯完全不符王子作為公主夢幻對象的故事設定。

先前在 2.2 節中已經做論述,反事實因果理論是有缺陷的,許多例子已經用來顯示這點,所以反事實關係在因果關係上最直接的運用,指向定義因果影響力。所以我們針對這點,在因果模型理論中定義因果影響力的概念。

│因果影響力──因果模型觀點│在標值因果圖形 G 中,事件 $X=n$ 對事件 $Y=m$ 有因果影響力,代表 (i) 在 G 中 $X=n$ 且 $Y=m$,以及 (ii) 對某個 X 的值 n^* 而 $n^* \neq n$,以及某個 Y 的值 m^* 而 $m^* \neq m$,在 G 中反事實條件句「如果 $X=n^*$ 則 $Y=m^*$」成立。

在以上的定義中,因為 $n^* \neq n$ 以及 $m^* \neq m$,所以 $X=n^*$ 及 $Y=m^*$ 代表 $X=n$ 及 $Y=m$ 的某個反事實狀況,因而「如果 $X=n^*$,則 $Y=m^*$」代表的是 $X=n$ 情況下的一個反事實條件句。

讓我們用白雪公主的例子,來看一下由以上的定義如何運用。針對標值因果圖形 9,以下的兩個條件成立。

(i) 在圖 9 中，$P=1$ 且 $C=1$。

(ii) 在圖 9 中，「如果 $P=0$ 則 $C=0$」成立，而 $1 \neq 0$。

基於上面兩個條件成立，根據以上的定義，在標值因果圖形 9 中，事件 $P=1$ 對事件 $C=1$ 有因果影響力。

　　在以上對因果影響力的定義中，有一個重要的特點，其中並沒有循環定義的問題（這樣很酷！），也就是當我們在定義因果影響力的時候，並沒有利用因果影響力的概念來定義，而是單純的利用理想干預運算所定義的反事實條件句。

　　根據第 2 章及第 3 章中的論述，並不是所有的反事實關係，都可用來表達因果影響力，而只有符合唯一差異原則的反事實關係才能用來表達因果影響力。所以，讀者應質疑，因果模型中所定義的反事實關係，是否真的可以符合唯一差異原則，而可恰當的被用來定義因果影響力？

　　讀者可質疑的這個部分，正是用理想干預運算來定義反事實條件句最絕妙而厲害的地方（而令人匪夷所思的油然起敬）。要判斷因果模型定義下的反事實條件句，是否可用來作為因果影響力的基礎，我們主要檢查這個利用反事實條件句定義的因果影響力，是否滿足唯一差異原則的要求，因而也就具有路易士因果性以及流行病學因果性，答案是肯定的，而且滿足的很漂亮。

　　以上從因果模型觀點下所定義的因果影響力，再加上先前

對於反事實條件句「如果 $X=n*$ 則 $Y=m*$」的定義，其實呈現的就是以下的這個定義。

$X=n$ 對事件 $Y=m$ 有因果影響力，代表 (i) $X=n$ 及 $Y=m$ 成立，且 (ii) 利用理想干預運算 $do(X=n*)$ 將 X 設定為獨立變元，並把 X 的值改成某個 $n*$ 而 $n*\neq n$，則 Y 會變成某個值 $m*$ 而 $m*\neq m$。

針對以上的定義，以先前白雪公主例子中的圖 9 來說，基於以下兩個條件成立，我們可以正確的說 $P=1$ 對 $C=1$ 有因果影響力。

(i) $P=1$ 以及 $C=1$，且
(ii) 將圖 9 進行理想干預運算 $do(P=0)$，將變元 P 設定為獨立變元（變元 P 原來也就是獨立變元，所以設定上不需改變），並將 P 的值改為 0 而 $0\neq 1$，則 C 會變成 0 而 $0\neq 1$（見圖 13）。

在以上的定義中，當我們利用理想干預運算 $do(X=n*)$ 將 X 變成獨立變元，並把 X 的值改成某個 $n*$ 而 $n*\neq n$，這個運算改變 X 的值以及連帶藉由變元決定性關係影響到其他變元值（例如，以上例子中的 $do(P=0)$ 將 P 的值改為 0，並連帶將 C 的值變成 0）；換句話說，**$do(X=n*)$ 所造成的變元值差異，只有變元 X 的值的差異以及因改變 X 連帶造成的變元值差異，不會有不透過 X 的改變及 X 連帶造成的變元值改變而造成的變**

元值差異（例如，以上例子中 *do(P=0)* 產生 *P* 的值改為 0 的
這個差異，以及連帶使得 *C* 的值變成 0 的這個差異，但是並
不會使得 *K* 的值變成 1）。而這個說法，正是代表 *do(X=n*)*
所造成的差異，純粹只因 *X* 的值由 *n* 改為 *n** 而發生，因此完
全符合唯一差異原則的要求。

　　從另外一個角度來說，以上定義的因果影響力之所以滿足
唯一差異原則，源於 *do(X=n*)* 所創造出的反事實情境，其實
是一種除了將 *X* 的值改變為 *n**，而所有其他變元值保持不變
(all other values of variables being equal) 的情境，當然，這裡的
「所有其他變元值保持不變」是有明確定義的，意思是**除了因
X 的值變為 *n**，以及因 *X* 的值變為 *n** 而藉由變元值決定性關
係所連帶造成的改變，其他變元的值不變。**

　　基於理想干預運算定義下的因果影響力滿足唯一差異原
則，而且基於其滿足的方式是如此獨特，它同時捕捉到了路易
士因果性及流行病學因果性，讓我們用以下的例子來說明。

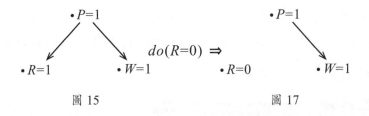

圖 15　　　　　　　　　　　　圖 17

針對圖 15 來說，當進行理想干預運算 *do(R=0)*，我們把 *R*（氣

壓計讀數改變與否）變成獨立變元（因而取消 P 和 R 之間的變元決定關係），因而當 R 的值設定為 0 的時候，不需要同時改變 P 的值為 0 以符合變元間決定關係的要求，而這正是非回溯式反事實思考所要達到的目的，因而可達到路易士因果性。

路易士因果性奠基於非回溯式思考，這個思考強調，當我們考慮某個事件的反事實情況時，並不同時將可能造成這個反事實情況的原因納入反事實考量，而理想干預運算達成這個結果的方式，就是切斷所被干預變元及決定其變元值的變元間的變元決定關係，因而設定反事實情況時，保持決定其變元值的變元的變元值不變。

另一方面，當我們思考理想干預運算 $do(X=n^*)$ 的作用，其實就是在改變 X 的值為 n^* 的時候，不同時直接引進其他變元值的改變，因而不會有不透過改變 X 而所造成的變元值改變，而這正是流行病學因果性中獨立操作介入的概念，因而藉此可掌握到流行病學因果性。

總而言之，理想干預運算在其獨特設計下，同時捕捉到非回溯式思考及獨立操作介入兩個重要的因果性概念，**所憑藉的特殊技法，乃是切斷決定變元值的決定性關係，以及不增加新的決定性關係，如此而已。**

理想干預運算與理想干預

理想干預運算之所以能一舉捕捉到兩種因果性概念，來自

於其獨特的算術設計。但讀者不免關心，這樣的算術設計是否有現實的經驗意義，或是相對應的經驗內涵，而答案是有的。

相對於理想干預運算的算術特性，其經驗性內涵相對應到的干預被稱為理想干預 (ideal intervention) 或是手術式干預 (surgical intervention)，也就是流行病學因果性討論中所提到的獨立操作介入。

| 理想干預 |　*I* 是實現 *X=n** 的理想干預（而 *I* 是個實際可發生的行為），代表 *I* 這個干預 (i) 會使得 *X=n** 所代表的事件發生，以及 (ii) 基於 *X* 變為 *n** 而連帶造成其他事件的發生，但 (iii) *I* 不會有在 (i) 及 (ii) 之外造成其他事件的發生。

要進一步闡釋理想干預與非理想干預的差別，我們得再引入先前提到的事件多重可實現性概念。針對圖 15，我們可以考慮兩種使得 *R=0* 發生的方法，分別由圖 18 及圖 19 來呈現。

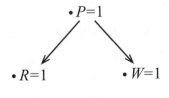

圖 15

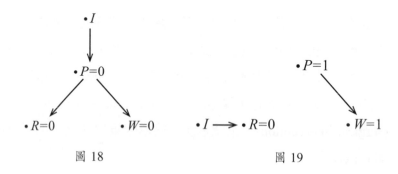

圖 18　　　　　　　　　　　圖 19

對圖 18，我們藉由讓 *P*=0 發生（例如透過科技控制讓氣壓不要有變化），而讓 *R*=0 發生，但這同時讓 *W*=0 發生，因此是一個非理想干預；圖 19，干預 *I* 純粹是一個使得 *R*=0 發生但不需讓 *W*=0 發生的方法（例如透過破壞氣壓計，讓氣壓計讀數不發生改變），因此是一個理想干預。

■ 潛在干擾因子

在第 3 章中，我們定義了幾個不同的潛在干擾因子的概念，但皆面臨循環定義的挑戰，而基於因果模型理論的協助，這個挑戰可以被解決。

針對各個潛在干擾因子的概念，以下定義做了一些相應於因果模型理論的修改。

| 潛在比較性干擾因子 | *Z*=1 是測量對實驗組進行實驗介入 *X*=*n* 而對性質 *Y*=*m* 產生因果影響力的潛在比較性干擾因子，代表 (i) 實驗介入前

的實驗組與對照組在 $Z=1$ 這個性質上有差異，而 (ii) 性質 $Z=1$ 對我們要測量的性質 $Y=m$ 有因果影響力（$Z=1$ 這個性質的有無或多寡會對我們要測量的性質 $Y=m$ 有影響），以及 (iii) 在 $Z=1$ 這個性質上的差異，不是由針對實驗組的實驗介入 $X=n$ 所造成。

| 潛在操作性干擾因子 | $Z=1$ 是測量對實驗組進行實驗介入 $X=n$ 而對性質 $Y=m$ 產生因果影響力的潛在操作性干擾因子，代表 (i) 實驗組在實驗介入前與實驗介入後在 $Z=1$ 這個性質上有差異，(ii) 在實驗組中，性質 $Z=1$ 對我們要測量的性質 $Y=m$ 有因果影響力（這個性質 $Z=1$ 的有無或多寡會對我們要測量的性質 $Y=m$ 有影響），以及 (iii) 在 $Z=1$ 這個性質上的差異，並不是完全由所企圖要實現的實驗介入 $X=n$ 所造成。

| 潛在推論性干擾因子 | $Z=1$ 是測量對實驗組進行實驗介入 $X=n$ 而對性質 $Y=m$ 產生因果影響力的潛在推論性干擾因子，代表 (i) $Z=11$ 這個因子在實驗介入後的實驗組及對照組有差異，(ii) 而 $Z=1$ 這個因子對所要測量的結果 $Y=m$ 有因果影響力，以及 (iii) 在 $Z=1$ 這個因子上的差異不是完全由所預定達成的實驗介入 $X=n$ 所造成。

在因果模型理論中，因為先前我們已經對因果影響力的概念做出一個非循環性的定義，所以上面所提供的定義，也就是恰當的非循環性的定義。

　　針對以上的重新定義，我們利用格陵蘭及羅賓斯的簡易分

析模型，再加上因果模型理論，來做點簡單的說明。首先，我
們給出相應於分析模型的變元設定、變元間決定關係表 14，
以及因果圖形 20。

$E = 1$ 代表有暴露； $T = 1$ 代表類型一；

$E = 0$ 代表沒暴露。 $T = 2$ 代表類型二；

$S = 1$ 代表有得病； $T = 3$ 代表類型三；

$S = 0$ 代表沒得病。 $T = 4$ 代表類型四。

表 14

患病類型 生病與否 暴露與否	$T = 1$	$T = 2$	$T = 3$	$T = 4$
$E = 1$	$S = 1$	$S = 1$	$S = 0$	$S = 0$
$E = 0$	$S = 1$	$S = 0$	$S = 1$	$S = 0$

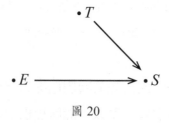

圖 20

針對比較性干擾因子，我們考慮以下實驗介入前的實驗組

（圖 21）及對照組（圖 22）。

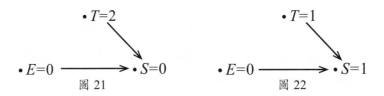

在圖 22 所代表的對照組中，$T=1$ 與實驗組不同，$T=1$ 對 $S=1$ 有因果影響力，且 $T=1$ 不是 $E=1$ 所導致，所以 $T=1$ 是潛在比較性干擾因子，也實際造成比較性干擾。

　　針對操作性干擾因子，我們考慮以下兩種不同實驗介入的實驗組。

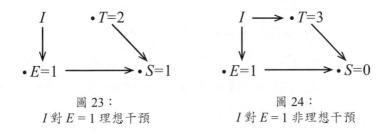

圖 23：
I 對 $E=1$ 理想干預

圖 24：
I 對 $E=1$ 非理想干預

在圖 23 所代表的實驗組中，因 I 對 $E=1$ 進行理想干預，所以沒有潛在操作性干擾因子；但在圖 24，$T=3$ 與實驗前實驗組不同，$T=3$ 對 $S=0$ 有因果影響力，且 $T=3$ 不是由 $E=1$ 所導致，所以 $T=3$ 是潛在操作性干擾因子，也實際造成操作性干擾。

4.2 從有色眼鏡的觀點看

　　前一節中介紹了決定性因果模型，顯示我們可以精準的定義反事實情況，以及各種與因果關係相關的概念。以下數點，將快速的對先前介紹過的決定性因果模型進行重點摘要，以讓讀者順利的進入下一階段。

| 摘要之一 | 決定性因果關係之所以得其名，是因為依賴變元的值，由獨立變元的值所決定。我們可以依照變元間的決定關係，畫出因果圖形，而當圖形中的變元標上符合變元決定關係的特定變元值，便稱為有標值因果圖形。圖形中的箭頭代表的是變元「值」如何被其他變元所決定，我們也稱箭頭所代表的關係為因果相干性。（例如，在先前白雪公主的例子中，根據表 11 中的變元值決定關係，我們可以畫出因果圖形 6，並根據變元值決定關係，畫出標值因果圖形 9 及 11。）

| 摘要之二 | 理想干預運算 $do(.)$，扮演創造出反事實情況的功能，針對事件 $X=n$ 所創造的反事實情況，將 X 變成獨立變元（取消變元 X 被其他變元所決定的關係），以及將 X 的值設定為 n，最後並重新算出各非獨立變元的值。理想干預運算可被用來在因果模型中定義反事實條件句、因果影

響力，以及其他因果概念如潛在干擾因子，而且都是非化約式定義。（例如，在白雪公主的例子中，我們對圖9進行理想干預運算 $do(P=0)$，產生圖13，而因為圖9中 $P=1$ 且 $C=1$，而且基於理想干預運算 $do(P=0)$ 後，圖13中 $C=0$ 成立，所以反事實條件句「如果 $P=0$ 則 $C=0$」成立，而根據因果影響力的定義，在圖9中 $P=1$ 對 $C=1$ 有因果影響力。）

| 摘要之三 |　相應於被理想干預運算而定義出的反事實條件句，其所定義的因果影響力能滿足唯一差異原則的要求，因為理想干預運算既能符合非回溯式思考的要求，也滿足獨立操作介入的要求，因而能統合兩種因果性概念。（例如在氣壓計的例子中，對圖15進行理想干預運算 $do(R=0)$ 後，產生圖17，顯示 $do(R=0)$ 只對變元 R 有變元值上的改變，而不會對變元 P 及 W 造成變元值的改變，因而滿足唯一差異原則的要求。）

目前為止所介紹的決定性因果模型及相關概念，具有釐清概念的極大優勢，但在面對充滿不確定性的世界時，卻少有實務上的應用功能，因為實務上所能收集到的具代表性資料，大都是具有不確定性的統計資料。本節中將介紹因果模型理論延伸到機率因果模型，說明如何利用因果模型來分析統計資料、發覺

統計資料中潛藏的因果關係，探索隱藏在資料中的世界真相。

4.2.1 基本架構

在介紹流行病學因果概念時，我們利用了「個體」相關的因果概念，來介紹「群體」相關的因果概念。利用類似的模式，我們將以決定性因果模型的架構為基礎，來介紹機率因果模型的基本架構。

針對機率因果模型的相關研究工作，分為兩個部分。第一部分是建立機率因果模型，第二部分是針對所建立的機率因果模型進行測試，以確認所給定的機率因果模型是否恰當。本書中僅將針對如何建立機率因果模型的部分做說明，如何對機率因果模型進行測試，讀者可進一步參考書末提供的延伸閱讀。

針對如何建立機率因果模型，我們首先從另一個角度來看待因果圖形。當我們從變元間的決定性關係來畫出因果圖形時，決定性關係中變元數值如何被精準的決定並沒有表現在因果圖形中，因果圖形中只保留了變元間數值的「依賴關係」，也就是哪些變元是獨立變元以及哪些是依賴變元的訊息，因而因果圖形中所包含的訊息，其實比變元間精準的數值決定關係還少。然而，關於機率因果模型的研究，卻主要是專注在訊息較少的因果圖形及所搭配的相應機率上，這樣的機率因果模型被稱為**貝式網路** (Bayesian network)，本書中所要介紹的機率因果模型也將局限在貝式網路上，以下提到機率因果模型的時

候，也將專指貝式網路。

對某個因果圖形 *G* 來說，我們可對其設定某個相容的機率設定 *Pr*，當然，*Pr* 需要滿足一些條件，將在後續說明，而我們稱序對〈*G, Pr*〉為一個貝式網路。而對一個因果圖形來說，可能有多於一個以上相容的機率設定，這也將在後續說明。

機率因果模型之所以以貝式網路為主，主要是源於實務上的需求。在實際的科學研究中，尤其是針對「群體」觀察所得到的數據，本身就是統計性或是機率性的數據，要給出精準的變元數值決定性關係很困難，而且精準的變元數值決定性關係本身就是被研究的對象，所以要利用精準的變元數值決定性關係來進行相關研究，較為不切實際。例如，在文獻中常提到的一個實際案例，許多科學研究顯示服用避孕藥與形成血栓之間有因果關係，所知的是服用避孕藥有一定的機率會造成血栓，但服用避孕藥有一定的程度會降低受孕的機率，而懷孕有一定的機率會增加血栓的發生，此三者之間的變元決定性關係（依賴關係），其中一個可能性為以下因果圖形（圖 25）所示。

Z：是否服用避孕藥

X：是否懷孕

Y：是否發生血栓

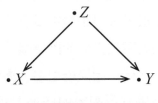

圖 25

對圖 25 來說，當我們給定一個與其相容的機率設定，而構成
一個貝式網路，我們便可對這個貝式網路進行測試，以確認所
給定的貝式網路是否恰當。

4.2.2 機率因果假說

在第 3 章中，我們提到流行病學中的重大思想解放，來自
於將對照組視為實驗組反事實情況的推估。在因果模型理論
中，也存在另一個重大思想解放，這個解放可說是非常的「不
哲學」也「不科學」，要能接受這個解放對學者們並不是一件
簡單的事情，事實上有許多哲學家以及科學家不能接受。

常見的科學推理具有以下特點：「將所得到的數據作為證
據，而推理出世界的樣貌，例如科學歸納法。」然而，因果模
型理論對於數據有個全然不同的使用方式：「**首先建立對於世
界的因果觀點，而後用數據來檢驗這個因果觀點是否成立。**」
而這個用數據來檢驗因果觀點的策略，有賴於我們對世界的某
種特定觀點才有可行性，因果模型理論中包含了這個特定觀
點，稱為**機率因果假說** (probability-causality hypothesis)，這是
一個戴著因果眼鏡來看世界的假說（沒戴著這個因果眼鏡，還
真的看不出世界的因果樣貌）。

在機率因果模型中，機率因果假說扮演檢驗機率設定是否
與因果圖形相容的任務，而這個相容性的議題，源於以下的
考量。

對任一因果圖形來說，任一箭頭代表變元間的因果相干
性，這等於把因果相干性視為一個世界的基本特性，但
這個世界的基本因果特性，如何連結到機率關係，因而
具有經驗上及可觀察的科學意義？

對於以上這個問題，機率因果假說將因果「不相干性」直接連
結到機率或統計上的「不相關性」，認為**變元間沒有因果相干
性，就代表用變元及其標值所能代表的事件間，不存在機率相
關性**。以下，我們將介紹機率因果假說，並說明如何在這個假
說下，檢驗因果模型的恰當性。

幾個機率概念

文獻中對於機率相關性的定義，來自於所謂的**機率獨立性**
(probabilistic independence)，將機率相關性定義為非機率獨立，
又稱為**機率依賴** (probabilistic dependence)。

| 條件機率 | 「基於事件 P、事件 Q 發生」的機率，又稱為「在以 P 發生為條件下 Q 發生」的**條件機率** (conditional probability)，定義為「P 發生且 Q 也發生」的機率除以「P 發生」的機率。

| 機率獨立 | **Q 的發生在機率上獨立於 P**，定義為「基於 P，Q 發生」的條件機率等於「Q 發生」的機率。

｜**變元機率獨立**｜**變元** X **在機率上獨立於變元** Y，定義為，對任一變元 X 的值 m 以及變元 Y 的值 n，$X=m$ 的發生在機率上獨立於 $Y=n$ 的發生。

針對以上的定義，我們來看幾個簡單的例子。對一個所謂的公平骰子來說，第一次丟出兩點，與第二次丟出兩點，這兩個事件間沒有任何的相關性，也就是機率獨立，這代表「在第一次丟出兩點的條件下，第二次丟出兩點」的機率，會等於「第二次丟出兩點」的機率，也就是六分之一。當我們將第一次丟出的點數視為一個變元 X，而將第二次丟出的點數視為另一個變元 Y，我們會說 Y 獨立於 X，因為不論 n 及 m 所代表的點數為何，$Y=m$ 獨立於 $X=n$。

要完整表述機率因果假說，我們還需要幾個額外的機率概念。

｜**有條件機率獨立**｜在以 R 為條件下，Q 的發生在機率上獨立於 P，定義為「基於 P 且 R，Q 發生」的機率等於「基於 R，Q 發生」的機率。

｜**有條件變元機率獨立**｜

在以變元 Z **為條件下，變元** X **在機率上獨立於變元** Y，定義為，對任一變元 X 的值 m、變元 Y 的值 n 以及變元 Z 的值 o，在以 $Z=o$ 的條件下，$X=m$ 的發生機率上獨立於 $Y=n$ 的發生。

關於以上兩個定義，我們可以來看一個簡單的例子。對於一個
正常運作的氣壓計來說，天氣的變化在機率上依賴於氣壓計讀
數的變化，但是，在以氣壓變化為條件下，天氣的變化機率獨
立於氣壓計讀數的變化，因為氣壓變化與氣壓計讀數變化一起
發生。

▟ 機率因果假說

當我們對這個世界採取某個因果觀點，我們可以把這些因
果觀點建構成因果模型，而要將這個因果模型進一步連接到這
個世界中的可觀察現象，有賴於所謂的機率因果假說，這個
「假說」宣稱，某些因果關係連結到機率關係。

│ 機率因果假說 —— 粗略版本 │

如果事件 *A* 及事件 *B* 在因果上是獨立的，則事件 *A* 在機率上獨立於事
件 *B*（以及事件 *B* 在機率上獨立於事件 *A*）。

在文獻中，機率因果假說有兩個主要的精確表達方式，一個是
從純粹機率方式來表達的所謂**因果馬可夫限制** (causal Markov
condition)，而另一個是由因果圖形觀點來表達的所謂 *d-* **隔離**
(d-separation)。

不管是因果馬可夫限制或是 *d-* 隔離，我們探討的對象都
是針對因果圖形 *DAG* 的機率特性，而不涉及所有的因果模型。

對因果馬可夫限制的概念來說（最早於 Kiiveri & Speed 1982 提出），我們需要定義幾個與 *DAG* 相關的圖形概念。

| 直屬上級變元 | 當變元 X 有個箭頭指向變元 Y，我們稱 X 是 Y 的直屬上級變元。

| 上級變元 | 對一個序列的變元 X、X_1、X_2、…、X_n 及變元 Y，當 $X \rightarrow X_1 \rightarrow X_2 \rightarrow \cdots \rightarrow X_n \rightarrow Y$，我們稱 X 是 Y 的上級變元。

| 下屬變元 | 對一個序列的變元 X、X_1、X_2、…、X_n 及變元 Y，當 $X \rightarrow X_1 \rightarrow X_2 \rightarrow \cdots \rightarrow X_n \rightarrow Y$，我們稱 Y 是 X 的下屬變元。

基於以上變元間關係的定義，我們可以定義更複雜的變元間關係，例如共同上級變元。

| 共同上級變元 | Z 是 X 及 Y 的共同上級變元，代表 Z 是 X 的上級變元，而且 Z 是 Y 的上級變元。

基於以上的因果圖形中變元關係的定義，因果馬可夫條件可被非常簡略而抽象的定義如下。

| 機率因果假說：因果馬可夫條件 | 假定 Z 不是 X 的下屬變元，在給定 X 直屬上級變元的條件下，變元 X 機率獨立於 Z (Pearl 2000: 30)。

基於因果馬可夫條件太抽象，*d-*隔離的概念將有助於我們瞭解機率因果假說。我們先來建構幾個因果馬可夫條件在圖形上非常簡單的運用。首先，我們考慮有三個變元 *X*、*Y*、*Z* 及兩個箭頭組成的 *DAG*，並提供由因果馬可夫條件所限定的機率關係。

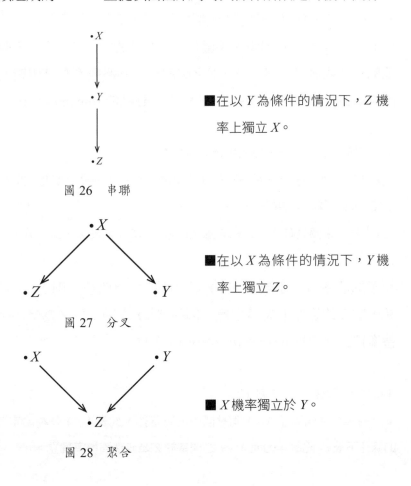

■在以 *Y* 為條件的情況下，*Z* 機率上獨立 *X*。

圖 26　串聯

■在以 *X* 為條件的情況下，*Y* 機率上獨立 *Z*。

圖 27　分叉

■ *X* 機率獨立於 *Y*。

圖 28　聚合

根據以上三個簡單的因果圖形與機率的相關性，我們可以定義以下的 *d*-隔離。

我們說因果圖形上的任兩點 X、Y，一個連結 X 及 Y 的無方向路徑（簡稱「路徑」），代表的是一個變元的序列 X、X_1、…、X_n、Y，任兩個變元間存在一個箭頭，但是不在乎箭頭的方向性。而我們說因果圖形上的任兩點 X、Y，是被 **d-隔離的**，代表對任一連結 X、Y 之間的無方向路徑都是**被阻斷的** (blocked)，否則，我們說 X、Y 是被 **d-連結的** (*d*-connected)。

| *d*-隔離 | 某路徑 p 被點的集合 Z 所阻斷：

1. p 包含某個具有 $A \to B \to C$ 形式的串聯，或是 $A \leftarrow B \to C$ 形式的分叉，而 B 屬於 Z 中的一分子。
2. p 中包含某個具有 $A \to B \leftarrow C$ 形式的聚合，B 不屬於 Z 中的一分子。

如果點的集合 Z 阻斷了 X、Y 兩點間的所有路徑，則 X、Y 是在給定 Z 的條件下被 *d*-隔離，因而 X、Y 之間基於 Z 為條件而機率獨立（參見 Pearl *et al.* 2016: sec 2.4）。

| 機率因果假說：*d*-隔離 |

當點的集合 Z 阻斷了 X、Y 兩點間的所有路徑，代表 X、Y 是在給定 Z 的條件下被 *d*-隔離，因而 X、Y 之間基於 Z 為條件而機率獨立。

機率因果假說的兩個版本，因果馬可夫限制及 d-隔離，會得出相同的結果，在這裡我們不進一步證明細節 (Pearl 2000: 18)。

關於 d-隔離背後的想法很單純，路徑就像水管，路徑被阻斷代表水管不通，因而兩點間「水獨立」，這代表機率獨立。其中聚合點 B 的存在可能阻斷水管，因此放入 Z 中代表此阻斷水管的功能被取消；而串聯中介點 B 的存在，以及分叉頂點 B 的存在，都扮演疏通水管的功能，因此放入 Z 中代表此疏通水管的功能被取消。

機率因果假說是一個簡單的限制，因此，不同的因果圖形給出的可能是同一套機率限制，因而單純從機率因果假說不見得可以區隔不同的因果圖形，例如在機率因果假說下，以下三個因果圖形有相同的機率限制。

- $A \rightarrow B \rightarrow C$
- $C \rightarrow B \rightarrow A$
- $A \leftarrow B \rightarrow C$

基於點 B，以上三個因果圖形中 A 到 C 的路徑都是被阻斷的，因此基於以 B 為條件，以上三個圖形中，A 與 C 都是相互機率獨立的。

補充說明

» 機率因果假說的歷史源由

伯爾常用「沒有因果就沒有相關」(no correlation without causation) 來標誌機率因果假說的內涵，大概的意思就是「無風不起浪」，當發現存在相關性，我們可以合理推測存在某種因果關連性。

從歷史脈絡來看，在萊欣巴哈 (Hans Reichenbach) 1956 年的著作《時間的方向》一書中，已有類似於機率因果假說的構想，他認為當兩事件類型 A 及 B 具有機率相關性，代表要嘛 A 是 B 的因（A 是 B 的上級變元），或 B 是 A 的因（B 是 A 的上級變元），或是 A 和 B 之間有共同因（A 和 B 有共同的上級變元）。另外，關於機率因果假說中的有條件機率獨立概念，在萊欣巴哈 1956 年的著作中也有觸及，稱之為**機率遮蔽** (screen off)，被萊欣巴哈用來區隔因果關係與虛假關係 (spurious correlation)。

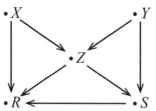

思考啟動

針對左側的因果圖形回答兩個問題：(1) 說明為何不基於任何點，X 到 Y 的所有路徑被 d-阻斷；(2) 說明為何基於點 Z 及 Y 的集合，X 到 S 的所有路徑被 d-阻斷。

4.2.3 忠實性條件

在文獻中，另一個連結因果圖形與機率相關性的想法，認為**變元間有因果相干性，就代表用變元及其標值所能代表的事件間，存在機率相關性**。在文獻中，這個說法稱為因果圖形的**忠實性條件** (faithful condition)，也就是因果馬可夫條件的反向表述。

| 忠實性條件 | 在給定一組變元 Y 的條件下，Z 機率獨立於 X，則這個
機率獨立性可由因果馬可夫條件得出 (Pearl 2000: 48)。

然而，對於忠實性條件，文獻中提到許多的反例，因而有許多的反對意見。延續決定性因果模型中的討論，變元間的因果相干性代表的是變元間有「值」的決定性關係，但這種變元值的決定性關係，不見得會在每一個變元值的機率設定上被呈現，因而忠實性條件不被滿足的情況也就很自然，所以不需要太過重視對忠實性條件的爭議，反而是對忠實性條件為何會被違反，應有恰當的理解。

關於忠實性條件被違反的案例，我們來考慮一下以下的情況。假定以下兩個因果圖形以及相應的機率設定 (Hitchcock 2018)。

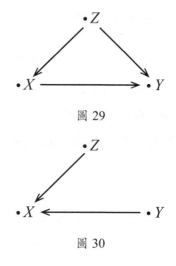

Z：是否服用避孕藥

X：是否懷孕

Y：是否發生血栓

圖 29

Z 機率獨立於 Y

Y 機率獨立於 Z

基於 X，Z 機率依賴於 Y

基於 X，Y 機率依賴於 Z

圖 30

對圖 29 來說，並無法透過因果馬可夫限制得出以上的機率設定，例如，無法由因果馬可夫條件得出 Z 機率獨立於 Y，所以機率設定相對於因果圖形 29 不滿足忠實性條件；但因果馬可夫條件運用在圖 30 上，可以得出機率設定，所以機率設定相對於圖 30 滿足忠實性條件。

以上對於忠實性條件的機率設定反例，在科學實務中會發生在以下的情況中。在圖 29 中，Z 透過兩個因果路徑來影響 Y，一個是 Z 直接影響 Y，另一個是 Z 透過 X 來影響 Y，當這兩個影響相互抵銷的時候（例如，服用避孕藥對於增加血栓機率的影響，與服用避孕藥減少懷孕的機率而沒懷孕會降低血栓的機率，這兩者間相互抵銷），便會發生 Y 機率獨立於 Z 的現象（也就是說，不管有沒有服用避孕藥，都不會增加或減

少得到或是不得到血栓的機率）。

　　讓我們也從格陵蘭與羅賓斯提供的簡易模型，來考慮忠實性條件有反例的情況。在 3.2 節中，在討論「群體」的因果影響力議題時，利用了格陵蘭與羅賓斯以下的表格。

表 5

資訊項目	N_1 群體（有暴露）	N_0 群體（沒暴露）
有得病的數量	$(p_1 + p_2) \times N_1$（用 A_1 代表）	$(q_1 + q_3) \times N_0$（用 A_0 代表）
沒得病的數量	$(p_3 + p_4) \times N_1$（用 B_1 代表）	$(q_2 + q_4) \times N_0$（用 B_0 代表）
所有人數	N_1	N_0
患病比例	A_1/N_1	A_0/N_0
沒患病比例	B_1/N_1	B_0/N_0
發生率	A_1/B_1	A_0/B_0

在表格中，有暴露的 N_1 是實驗組，沒暴露的 N_0 是對照組。

　　針對忠實性條件反例出現的情況，我們考慮表 5 中 $A_1=A_0$ 的情況。在 3.2 節中提過，這個情況代表有暴露群體中的得病者比例，等於沒暴露中的得病者比例，根據因果推論，看起來這似乎「有暴露」對群體沒有影響（因而沒有機率相關性），但其實這並不真的代表「有暴露」對群體中的個體沒有影響，因為「有暴露」的因果影響力在群體的操作中，呈現的是「正影響」及「負影響」的總和，所以當 $A_1=A_0$，只代表在

p_1+p_2 等於 q_1+q_3 這樣的群體內部分布中,「正影響」及「負影響」的群體人數相等,不代表「有暴露」對群體中的個體沒有因果影響力。所以,即使在數據上 $A_1=A_0$,也不代表「有暴露」對群體中的個體沒有因果影響力,只代表在某種特殊情況下 (p_1+p_2 等於 q_1+q_3),「有暴露」對群體整體沒有因果影響力。

我們以表 14 以及圖 14 來看 $A_1=A_0$ 的情況。根據圖 20,「暴露與否」確實對「得病與否」有因果相干性,所以根據因果馬可夫限制,得不出兩者間為機率獨立,然而在 $A_1=A_0$(因而 $B_1=B_0$)的情況下,「得病與否」機率獨立於「暴露與否」,因而在 $A_1=A_0$ 的情況下,違反忠實性條件。

雖然忠實性條件對因果模型整體來說不見得成立,但其實對機率因果模型來說,現實情況中發生的機率並不高,因此還是一個可靠的條件,在實務上並不會完全捨棄不用。

4.2.4 理想干預運算:機率因果模型

給定一個機率因果模型(貝式網路)〈G, Pr〉,我們可以考慮如何在一個機率因果模型上進行理想干預運算,但我們得注意,在機率因果模型上的理想干預運算,有很特別的意義。

對一個決定性因果模型來說,我們給定了一組發生事件的標值,每一個標值可被視為發生機率 100%,而當我們對這個模型做理想干預運算 $do(X=n)$,但 $X=n$ 不是一個模型中現有的標值,我們的理想干預運算所得到的結果,代表一個反事實情

況。然而因為機率因果模型中只對變元及標值所代表的事件設定發生機率，並不見得是 100%，因而不是真的發生或是沒發生，因此在進行理想干預運算 $do(X=n)$ 的時候，所得到的結果是一個「設想 $X=n$ 經理想干預而發生的時候」的情境，並不見得代表「反事實情境」，而是一種「假設性情境」，但延續文獻中的用法，我們依然使用反事實情境的說法。

　　相對於條件機率的概念，對機率因果模型進行理想干預運算 $do(.)$，我們得到的是所謂的**因果條件機率** (causal conditional probability)。

| 因果條件機率 | 對一個機率因果模型 $\langle G, Pr \rangle$ 來說，「基於對 $X=n$ 進行理想干預運算下，$Y=m$ 發生」的機率，也就是在 $do(X=n)$ 之後，$Y=m$ 的機率，代表的是反事實條件句「如果 $X=n$ 則 $Y=m$」的機率，稱為因果條件機率。

在以下的進一步說明中，我們將看到如何藉由條件機率，來運算因果條件機率，但須強調，因果條件機率與條件機率是兩個完全不同的機率概念，將其作出區別為重要理論進展，唯有在因果條件機率的概念上，才能從統計資料中挖掘出因果影響力。

　　當理想干預運算 $do(.)$ 作用在機率因果模型上，我們所進行的工作在概念上很簡單，但實際上算起來會很複雜。延續對決定性因果模型中對理想干預運算 $do(.)$ 的定義，當理想干預

運算 $do(X=n)$ 作用在機率因果模型〈G, Pr〉上，**我們的目標是 (i) 要造成 $X=n$ 發生的機率為 100%（而 X 為其他值的機率為 0%），但同時 (ii) 不造成任何其他 X 的非下屬變元（包含 X 的上級變元及其他非 X 的下屬變元）的機率改變，及 (iii) 讓 X 的下屬變元因 (i) 及 (ii) 而產生相應的機率變化**（參見 Pearl 1993, 1995）。讀者應可明顯的看出，這樣的設計是為了展現出，當 $X=n$ 的機率從原來 Pr 所設定的機率變成為 100% 後，對其下屬變元所造成的相應影響，而這個影響與 X 的非下屬變元無關。

我們可以試著利用以下簡單的例子來說明如何在機率因果模型中進行理想干預運算。考慮一個簡單的樂透，一個箱子裡放了 6 顆紅球以及 4 顆綠球，讓張三任選一個顏色來進行摸彩，然後讓李四從箱子裡摸出一顆球，看看張三有沒有中獎。針對這個樂透，我們可以設定以下的機率因果模型。

Z：張三選定的顏色

Y：李四摸出的球色

X：張三中獎與否

張三選出任一顏色的機率是 50%。
李四摸出紅色的機率是 60%，
李四摸出綠色的機率是 40%。
張三中獎的機率是 50%。

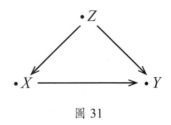

圖 31

　　假定我們對於以上的因果圖形進行理想干預 *do(Z=*紅色)，
其中「Z=紅色」代表張三選了紅色，根據以上的設定，這個
理想干預運算後的機率會有以下改變，詳細的運算細節會在後
續交代。

根據以上設定的條件 (i)：「Z=紅色」的機率設定為 100%，而「Z=綠色」
的機率設定為 0%。
根據以上設定的條件 (ii)：李四摸出紅色的機率是 60%，摸出綠色的機
率是 40%。
根據以上設定的條件 (iii)：張三中獎的機率是 60%。

針對以上新的機率設定，反事實條件句「如果張三選紅色，張
三中獎」的機率，為 *do(Z=*紅色) 進行後張三中獎的機率，因
而是 60%。

　　以下，對於在機率因果模型中進行理想干預運算，做更詳
細的說明。

| 理想干預運算──機率因果模型 | 對一個貝式網路 〈*G, Pr*〉進行理
想干預運算 *do(X=n)*，可得出貝式網路 〈*$G_{do(X=n)}$, $Pr_{do(X=n)}$*〉，其中 (i) 將
G 中的變元 *X* 設定成為獨立變元，而得出 *$G_{do(X=n)}$*，以及 (ii) 將機率分
配 *Pr* 修改成為機率分配 *$Pr_{do(X=n)}$*，這個修改的重點，在同時滿足 *$G_{do(X=n)}$*
的因果馬可夫限制下，反映在三個條件上：

| 條件一 | $Pr_{do(X=n)}$ 將 $X=n$ 的機率指定為 100%，而將 X 出現其他值的機率指定為 0%（這是干預運算 $do(X=n)$ 最基本要完成的）。

| 條件二 | 對 X 的非下屬變元（包含 X 的上級變元及其他 X 的非下屬變元）來說，$Pr_{do(X=n)}$ 設定的機率與 Pr 相同（理應如此，因為對 X 的理想干預不應影響 X 的非下屬變元）。

| 條件三 | 隨著 $Pr_{do(X=n)}$ 將 $X=n$ 的機率指定為 100%，$Pr_{do(X=n)}$ 針對 X 的下屬變元的機率指定而有相應的改變。

相應於 Pr，在實際運作要計算出 $Pr_{do(X=n)}$ 有時候很冗長，幸運的是現在已有許多軟體可以協助運算。我們在這裡的工作，不用進入更多的計算細節，僅整理幾個基本的運算方式，提供讀者進一步理解及想像的空間（以下提供的計算方式，皆來自於 Pearl *et al.* 2016: chapter 3）。

在第一種狀況中，我們考慮 $Pr_{do(X=n)}$ 對變元 X 的可能值所提供的機率設定。針對 X 的可能值為 n_1、n_2、$\cdots$、n_n，考慮 $X=n_i$（而 n_i 為 n_1、n_2、$\cdots$、n_n 中的一個）的機率分配。

| 機率式理想干預運算——狀況一 | 當理想干預運算 $do(X=n)$ 作用在 Pr 上，而產生 $Pr_{do(X=n)}$，針對 X 的可能值為 n_1、n_2、$\cdots$、n_n 來說：

1. 當 n_i 為 n，則 $Pr_{do(X=n)}$ 分配給 $X=n_i$ 的機率為 100%。
2. 當 n_i 不為 n，則 $Pr_{do(X=n)}$ 分配給 $X=n_i$ 的機率為 0%。

以上計算機率式理想干預運算的第一種狀況應不難理解，對機率分配 Pr 進行理想干預運算 $do(X=n)$，最直接了當的第一種狀況，就是將 $X=n$ 的機率設定為 100%，而將 X 其他值出現的機率設定為 0%。

　　針對機率式理想干預運算的第二種狀況，我們考慮對 $Pr_{do(X=n)}$ 來說，當 Y 是一個不同於 X 的變元（X 的上級變元、X 的下級變元或既非 X 上級也非下級的變元），$Pr_{do(X=n)}$ 如何給定 $Y=m$ 的機率。針對這樣的狀況，我們首先考慮在〈G, Pr〉中，X 是個獨立變元的情況。因為 X 在 G 中是獨立變元，所以 G 和 $G_{do(X=n)}$ 相同。在這個情況中，$do(X=n)$ 運算最重要的影響，來自於 $do(X=n)$ 給定 $X=n$ 的機率為 100%，而沒有其他額外的影響，因此我們可以把 $Pr_{do(X=n)}$ 如何給定 $Y=m$ 的機率，設定為對 Pr 來說，條件機率「以 $X=n$ 為條件下，$Y=m$ 發生」的機率。

| 機率式理想干預運算——狀況二 | 對〈G, Pr〉來說，X 是個獨立變元（所以 X 沒有直屬上級變元也沒有任何的上級變元），當理想干預運算 $do(X=n)$ 作用在〈G, Pr〉上，而產生 $Pr_{do(X=n)}$，針對不同於 X 的 Y 來說，$Pr_{do(X=n)}$ 分配給 $Y=m$ 的機率，等於對 Pr 來說，「以 $X=n$ 為條件 $Y=m$ 發生」的機率。

不難看出在狀況二中，$Pr_{do(X=n)}$ 給定 $Y=m$ 的機率的方式，可滿

足機率式理想干預運算的條件二及條件三。

其次，我們考慮在〈G, Pr〉中，X 是個依賴變元的情況（參見 Pearl *et al.* 2016: 59）。

| 機率式理想干預運算 —— 狀況三 | 對〈G, Pr〉來說，X 是個依賴變元，而 X 的直屬上級變元為 Z（我們在這裡考慮只有一個直屬上級變元的情況，其他情況可依此類推），而 Z 有 α_1、α_2、…、α_n 這 n 個可能值。當理想干預運算 $do(X=n)$ 作用在〈G, Pr〉，而產生 $Pr_{do(X=n)}$，針對不同於 X 的 Y 來說，$Pr_{do(X=n)}$ 分配給 Y=m 的機率，用以下的步驟計算。

| 步驟一 | 對任一個 $Z=\alpha_i$（而 α_i 為 α_1、α_2、…、α_n 其中之一），計算得出「基於 X=n 及 $Z=\alpha_i$ 為條件下，Y=m 發生」的機率，再將此數值乘以 $Z=\alpha_i$ 的機率，稱此相乘後的數值為 $Z=\alpha_i{}^*$。

| 步驟二 | 將 $Z=\alpha_1{}^*$、$Z=\alpha_2{}^*$、…、$Z=\alpha_n{}^*$ 相加。

由步驟二所得出的數值，即為 $Pr_{do(X=n)}$ 分配給 Y=m 的機率。

狀況三較狀況二複雜，因為在狀況三中，理想干預運算 $do(X=n)$ 會將變元 X，從依賴變元改為獨立變元，所以無法純粹的由 Pr 機率分配下「以 X=n 為條件，Y=m 發生」的條件機率，來看待 $Pr_{do(X=n)}$ 分配給 Y=m 的機率，例如，當 Y 是 X 的上級變元，Y=m 通常會在機率上依賴於 X=n，由 Pr 機率分配下「以 X=n 為條件，Y=m 發生」的機率，來看待 $Pr_{do(X=n)}$ 分配給 Y=m 的機率，便會發生錯誤（對 $Pr_{do(X=n)}$ 來說，Y=m 的

機率應獨立於 $X=n$，但對 Pr 來說，$Y=m$ 的機率不見得獨立於
$X=n$）。

　　針對理想干預運算來說，我們知道它想表現的是反事實情
境下的狀況，而以上的運算模式呈現的反事實意涵如下。

> 對一個機率因果模型〈G, Pr〉進行理想干預運算
> $do(X=n)$ 後，得出一個新的機率設定 $Pr_{do(X=n)}$，當 $Pr_{do(X=n)}$
> 對 $Y=m$ 所指定的機率為 p，代表 Pr 指定給反事實語句
> 「如果 $X=n$ 則 $Y=m$」的機率為 p。

如此這般，我們便定義了在機率關係上的反事實考量。

　　除了以上考慮的三種關於理想干預運算的狀況，可以有更
複雜的狀況，我們在此便不多介紹，有興趣進一步細究的讀
者，可參考書後附的進階閱讀資料。

因果影響力

　　在機率因果模型下，特定事件給的是發生的機率，而不是
真的發生或沒發生，所以我們對因果影響力的定義，針對的是
一個給定的機率因果模型下，兩個理想干預運算所造成的差異。

| 因果影響力 —— 機率觀點 |
在機率因果模型〈G, Pr〉中，事件 $X=n$ 對事件 $Y=m$ 有因果影響力，

指的是在 $do(X=n)$ 的運算下，$Y=m$ 的機率，不同於在某個 $n^* \neq n$ 的 $do(X=n^*)$ 理想干預運算下，$Y=m$ 的機率。

在 $do(X = n)$ 及 $do(X = n^*)$ 的運算下，$Y=m$ 機率上的差異，必定是經過設定 $X=n$ 及設定 $X=n^*$ 所造成，因此這個機率觀點下的因果影響力，滿足唯一差異原則。

4.3 GO 不夠看

在對於因果模型理論的簡單介紹中，我們將重點放在理想干預運算的概念上。在以上兩節中，我們藉由對理想干預運算的定義，提供了一個對於反事實情況及反事實條件句的定義，說明了因果影響力所需要的唯一差異原則如何被滿足，以及路易士因果性及流行病學因果性如何可被建立，而且將這些定義直接連結到真實世界可觀察的連結上。除了因果影響力，以上因果模型理論中定義的概念，也可以進一步的延伸，來提供因果大革命的實質內涵。

▌ 看與做的巧遇

在伯爾的著作中，他不斷的重複強調，兩個在經驗上及運算上可被區別的概念，一個是**看** (seeing)，另一個是**做** (doing)，而這兩個概念的區別是多面向的，我們來看看其中的一些。

在機率因果模型的運算上

看與做的差異可被條件機率（「在 P 發生的情況下，Q 發生」的機率）與反事實機率（「在 P 是因理想干預而發生的情況下，Q 發生」的機率）的差異所捕捉。

撇開數學上的運算，伯爾認為在三面向上看與做的差別具有重要的意義（參見 Pearl & Mackenzie 2018: 22–23），伯爾稱這三個面向為**因果階梯** (the ladder of causation)，或稱為**因果關係的三個層次** (the three levels of causation)。首先，「看」代表的是一種透過被動式的觀察，而發現規律性或是相關性的能力，大部分的動物都具有這種能力（伯爾認為 AlphaGo 做的事屬於這一層次）。這個「看」的層次，只是生物在真正認知到因果關係之前的一個初步能力，在經驗上只能回應一些簡單的問題，例如某種特定症狀代表得到什麼樣的疾病，或是某個問卷調查顯示哪一個候選人當選的機率為何等等；在認知上，代表了基於某些觀察或是經驗現象，我們的信念應如何進行改變；數學上，代表了兩個變元間的機率依賴關係。

因果階梯的第二個層次是「做」，這代表的是一種對於在明確意圖下「主動式」改變環境行動的理解力，並對這種改變環境行動所造成的結果的預測能力，同時也是一種「從『主動式』行動後果的考量，而在眾多行動選項中作出選擇」的能力，是一種理性決策的能力基礎。換言之，「做」代表從因果影響

力的觀點，來預測行為選擇所造成的結果為何的能力，只有極少部分的動物具有這種能力，而工具的使用是這種能力存在的極佳證據。在實務上，這種能力涉及到對於醫療作為的考量（吃了這個藥病會不會好，或是如何治療某種疾病）、行政機關政策執行的考量（某個政策是否有利於經濟發展，或是如何促進經濟發展）等等；在認知上涉及到對行動後果進行預測；在數學上，代表了相關於理想干預 $do(.)$ 的運算，計算當某個變元被進行理想干預後，其他的變元值會如何跟著變動。

在因果階梯的第三層，其核心元素為反事實思考力，被用來建立因果關係的概念，並回答「為何如此」或是「為何發生」(WHY) 的問題。這是一種可將「看」與「做」的區別理論化的能力（例如理解工具如何運作的能力），並藉此建構反事實情況，以提供事件因果說明，是人類農業及科學得以發展的來源，成為人類對這個星球造成重大影響的基礎。當我們思考「如果當初我沒有吃普拿疼，頭痛是否還會持續？」這樣的問題，我們便是在進行反事實思考，這種思考要求我們進行時間回溯，甚至構想某種不存在的歷史圖像，以建立我們對世界中事件的完整理解。在實務上，這種能力提供了對事件為何發生及發生原因為何的說明，告訴我們如果沒有那麼做後果為何或是換個做法結果為何的說明；在認知上提供了對於不同於現實的行動下，會產生什麼結果的信念；在數學上，代表了在同一個變元，進行不同變元值的理想干預運算後，其他的變元值

會如何跟著進行不同的變動。

　　從因果階梯的三個層次，我們可回頭看看先前從因果模型理論面向下，建構因果影響力所進行的工作。當我們利用決定性因果模型建構因果影響力時，我們利用了因果階梯的第二個層次，以特定實際上的「做」（如王子親吻了白雪公主）與特定反事實的「沒做」（如王子沒有親吻白雪公主），來建立特定實際上「做」的因果影響力，這種因果影響力的概念，一般在文獻中被稱為**真實因果關係** (actual causation) 或是**個別因果關係** (singular causation)。另一方面，當我們用機率因果模型來建構因果影響力時，我們為因果階梯的第二層次進行了機率式的運用，這種機率式的運用，針對某種行動類型的「做」（如讓某群人服用藥物 X），對比於某種行動類型的「沒做」（如沒讓某群人服用藥物 X），以建立某種行動類型的整體因果影響力，這種因果影響力的概念，捕捉到的是行動類型的因果模式，一般在文獻中被稱為**機率因果關係** (probabilistic causation)。

看與做與事件的多重可實現性

　　對我來說，認識到「事件的多重可實現性」，提供了理解「看」與「做」區別的另一個重要面向。事件的多重可實現性，指的是一個事件 X 的發生，可以有不同型態的方式或原因，這些使得一個事件 X 發生的方式或原因，可能不只使得

事件 X 發生，而同時使得其他事件 Y 發生。**針對看與做的區別來說，「看」指的是只關心事件 X 發生，而對事件發生的方式及原因不加考量或理會 (indifference)；而「做」指的是一種使得事件發生的獨特方式，這種方式只直接使得事件 X 發生，而不同時直接使得其他事件 Y 發生，這種使得事件 X 發生的方式，也就是理想干預運算所代表的理想干預。**

在事件多重可實現性下所區別的「看」與「做」，在人類面對多樣化的世界時具有重要的意義，不論是對事件的預測及行動的考量皆然。氣壓計讀數變化與天氣變化的相關性，只是一種「看」的相關性，你可以用氣壓計讀數的變化來預測天氣變化，可別天真的以為弄壞氣壓計就可以改變天氣；氣壓變化與天氣變化的關連性，是一種「做」的關連性，你可以用氣壓的變化來預測天氣變化，也可以藉由改變氣壓的理想干預來改變天氣。

對事件多重可實現性的認知，要提醒每一位讀者的是，不要只看事情有沒有發生，更要關心事情如何發生，在科學思考的歷史中，竟然對這個重要的基本事實如此忽略，著實令人無比驚訝。伯爾所建構的理想干預運算 $do(.)$，為這個被人類忽略的重要事實，點燃了閃耀的聚光燈。

■ 一鳥二石之計

針對一個因果圖形中的兩個變元 X 及 Y 來說，我們可以

詢問以下的問題。

| 因果條件機率等於條件機率 | 在什麼樣的情況下，我們會得到「基於對 $X=n$ 的理想干預，$Y=m$ 發生」的因果條件機率，等於「基於 $X=n$ 發生的條件下，$Y=m$ 發生」的條件機率？

針對以上的問題，有一個非常直接的答案：「X 和 Y 之間沒有共同上級變元。」所謂 X 和 Y 之間沒有共同上級變元，意思是說，不存在某個變元 Z，Z 是 X 的上級變元以及 Z 是 Y 的上級變元。

　　針對以上的問題，伯爾給出了一個非常有趣的理論性概念，稱為**無干擾條件** (no-confounding)。

| 無干擾條件 | 對一個因果圖形 G 及與 G 相容的機率設定 Pr 來說，其中的兩個變元 X 及 Y 之間是**無干擾的**，意思是說，對任一 X 的值 n 以及 Y 的值 m 而言，在 Pr 的設定下，「基於對 $X=n$ 的理想干預，$Y=m$ 發生」的因果條件機率，等於「基於 $X=n$ 發生的條件下，$Y=m$ 發生」的條件機率。

「基於對 $X=n$ 的理想干預運算，$Y=m$ 發生」的機率，代表的是在 $do(X=n)$ 的運算下，$Y=m$ 的因果條件機率；而「基於 $X=n$

發生的條件下，$Y=m$ 發生的機率」代表的是以 $X=n$ 發生的條件下，$Y=m$ 發生的條件機率，因此無干擾條件，代表的是「做」與「看」的機率是相等的。

　　無干擾條件有多面向的重要理論意義，在滿足無干擾條件的前提下，代表「做」的因果條件機率，與代表「看」的條件機率是相等的，這使得我們可以輕易的利用條件機率，來得出因果條件機率，而得出因果影響力的計算。然而，當兩者不同的時候，得透過更複雜的方法來得到因果條件機率，這方面的研究及結果涉及統計運算的技巧，我們一樣在此不多做介紹，有興趣進一步細究的讀者，再次推薦參考書後所附的進階閱讀資料。

　　讀者可能會疑惑：「無干擾條件，是否與流行病學中的干擾因子概念具有相關性？」答案為肯定的「是」，而這個回答，有賴於以下的重要結果。

　| 保證無干擾條件成立 | 當變元 X 及 Y 之間沒有共同上級變元，則變元 X 及 Y 之間是**無干擾的**。

讓我進一步用格陵蘭與羅賓斯的簡易分析模型，來說明以上所提及的相關性。

　　針對一個關於「暴露與否」及「得病與否」的實驗設計，我們會得到兩組資料，一組是實驗組「有暴露」的資料，另一

組是對照組「無暴露」的資料，而根據這兩組資料，我們可以
得到各個不同性質的機率。現在，假定實驗組與對照組的人數
是一樣的，先考慮表 15 所代表的意涵。

表 15

比例 類型　　　組別	實驗組 （實驗介入前） (1)	操作 1 （獨立操作介入） (2)	對照組 1 （可交換） (3)	(2)、(3) 平均值
類型一	25%	25%	25%	25%
類型二	35%	35%	35%	35%
類型三	25%	25%	25%	25%
類型四	15%	15%	15%	15%

在表 15，基於操作 1 為獨立操作介入（理想干預），以及對
照組 1 為可交換（無比較性干擾），兩組在各個類型上是相等
的（兩組唯一的差異是有無暴露），所以與患病類型的平均值
也相等，因而各個類型的比例，機率上獨立於「有暴露」以及
「沒暴露」。

　　現在，我們來看一下表 16。

表 16

組別 比例 類型	實驗組 （實驗介入前） (1)	操作 1 （獨立操作介入） (2)	對照組 2 （不可交換） (3)	(2)、(3) 平均值
類型一	25%	25%	25%	25%
類型二	35%	35%	35%	35%
類型三	25%	25%	30%	27.5%
類型四	15%	15%	10%	12.5%

在表 16，基於操作 1 為獨立操作介入（理想干預），但對照組 2 為不可交換（有比較性干擾），兩組在類型三及四上是不相等的，所以與類型三及四的平均值也不相等，因而類型三及四的機率，分別依賴於「有暴露」以及「沒暴露」。

假定變元 X、Y 及 Z 分別代表事件類型「有無暴露」、「有無得病」、及「患病類型」，根據機率因果假設，表 16 相應於以下因果圖形。

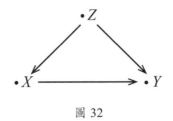

圖 32

當我們進一步詢問，哪一種因果圖形對應到表 15，根據機率因果假設，以下的因果圖形會蘊涵表 15 這樣的數據（但表 15 這樣的數據並不蘊涵以下的圖形），其中變元 X 因果上獨立於任何類型。

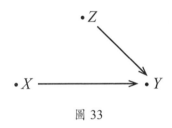

圖 33

圖 33 有兩大重要特徵，除了 X 在因果上獨立於任何的患病類型，另外就是 X 與 Y 之間沒有任何的共同上級變元，這兩個特性間具有重要的關連。首先，X 與 Y 之間沒有任何的共同上級變元，代表在 Y 之外，X 與其他的變元都是因果上獨立的，因此 X 在因果上獨立於任何的患病類型便是一個**自然的結果**（反之亦然）。

　　另外，X 在因果上獨立於任何的患病類型，代表 X 在機率上獨立於任何的患病類型，這個機率獨立性有兩個可能不同的來源。第一個來源（如表 15），是基於實驗組的「有暴露」是由理想干預（獨立操作介入）所引進，因而沒有潛在操作性干擾因子，而對照組「沒暴露」是可交換的，所以沒有潛在比較性干擾因子。第二個來源（如表 17），是因為兩組雖然都

有潛在干擾因子，但彼此相互抵銷，因而產生機率獨立性。

表 17

組別 比例 類型	實驗組 （實驗介入前） (1)	操作 1 （獨立操作介入） (2)	對照組 1 （可交換） (3)	(2)、(3) 平均值
類型一	25%	50%	50%	50%
類型二	35%	10%	10%	10%
類型三	25%	15%	15%	15%
類型四	15%	25%	25%	25%

然而，第二種來源會導致因果影響力測量的錯誤。

而第一種機率獨立來源，有一個比起第二種機率來源更重要的特性。當實驗組與對照組都沒有被干擾的時候，表示得到實驗組與得到對照組的方式，使得 X 在因果上獨立於患病類型（例如，隨機取樣會切斷 X 與其他因子間的因果關係），因而可使得 X 與 Y 之間沒有共同影響因子 （沒有共同上級變元），這個結果同時產生了無干擾條件的特性，同時也可得到正確的因果影響力推估。

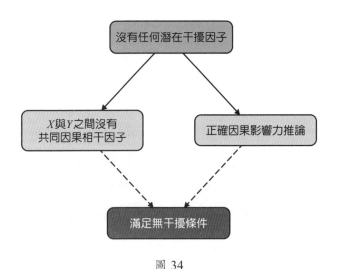

圖 34

在圖 34 中，表達了當實驗組操作介入及對照組的反事實模擬都沒有被干擾，可以從實驗操作 X 及預定測量性質 Y 之間沒有共同影響因子來理解，而這個理解方式，呈現了從另一個角度，來理解隨機取樣如何避免比較性干擾。

在第 3 章中，隨機取樣扮演了讓實驗組、對照組及母群體三者相似的重要功能，因而可消除所有的潛在比較性干擾因子，從而消除比較性干擾。而隨機取樣之所以可以扮演這種功能，其中一個提供說明的理由，來自於隨機取樣讓對照組「預定實驗操作 X 沒發生」的這個特性以及實驗組「預定實驗操作 X 發生」的這個特性，因果上不由任何的性質來決定（所以沒有上級變元），原因是「預定實驗操作 X 沒發生」以及「預

定實驗操作 X 發生」這兩個特性，是由隨機方式（如丟銅板、或是用亂數表）所引進，而不是被任何性質在因果上所決定或是影響，因而在發生上具有因果上獨立性。最後，再加上我們對實驗組引入實驗操作 X 的方式是獨立操作介入（理想干預），以上的因果獨立性可以持續的被維持，因而可以讓「是否有操作 X」這個變元，具有與其他性質之間有發生上的因果獨立性，因而與預定測量的結果間沒有共同上級變元。**總而言之，隨機取樣加上理想干預，創造出實驗操作的那個變元成為一個獨立變元。**

補充說明

》訊息儲存與訊息萃取

在本章中，我們看到了在因果模型理論中，在進行因果影響力的思考上，理想干預運算 $do(.)$ 所扮演重要而成功的角色。文獻中在說明因果模型理論的整體架構時，常訴諸所謂訊息儲存及訊息萃取的區隔，這個建構形式系統的巧妙手法，值得讀者謹記在心。在因果模型理論的架構中，首先有因果模型扮演**訊息儲存** (information storage) 的功能，因果模型提供了一套特別的語言，包含變元及其值的表述、變元間決定關係、因果圖形等等，來儲存關於世界的因果訊息。然而，單單只有因果模型來儲存訊息，我們依然對這個世界的因果內涵無所知，而擔任**訊息萃取** (information extraction) 功能的元件，就是各種在因果圖形上所執

行的運算，如理想干預運算 *do*(.)、條件機率運算等等，透過這些運算，我們便可取得因果模型中所儲存的世界因果訊息。

◼ 創造與發現獨立變元

因果模型理論利用反事實關係來捕捉因果關係，反事實關係由理想干預運算來定義，理想干預運算背後隱藏了「看」與「做」的差別，而看與做的差別，有賴於創造出獨立變元。

在先前的說明中，我們展示了隨機取樣、獨立操作介入、排除潛在干擾因子等等技術，都是為了要創造出獨立變元，以恰當捕捉因果關係。而創造獨立變元，其重要性遠比這些技術性操作來的更深刻。

獨立變元背後的核心概念，其意涵為變元所代表的事件不被其他因素所影響，而這個代表「因果獨立性」的核心要素，在人類的思想歷史中占據了重要地位，可說是近乎執迷(obsession)，因果獨立性的考量，並不受限於思考因果關係上。在考慮何謂理性的時候，學者們希望理性是一種不被宗教、性別、年齡、收入等個人因素所影響的思維能力（但這不代表宗教、性別、年齡、收入等因素不被納入理性思慮考量）；在討論何謂道德或對錯時，我們要求良好的道德判斷是不被個人偏好所影響的判斷（所以為何換了位置就換了腦袋是一個批評人

的話，而普世價值被認為是一種好的價值）；而在追求客觀性的時候，我們希望客觀的判斷來自於不受特定心靈狀態影響的判斷（所以說你不客觀，代表你的判斷受到個人因素所影響）；科學研究中對普遍性自然法則的追求，象徵了一種不被其他因素所影響而自行運作的法則（人文及社會學科中尋找共同的人性特質，也正是為了這個目的）；雖然我個人對正向思維有強烈的偏好，但因果獨立性只有否定的表述。

思考啟動

請說明何為獨立的人格？獨立的人格是否有一個正面表述？

第 5 章／*Chapter 5*

蔓延：人生何以並非所想

因果關係的考量與人生中許多重要的考量密切相關。
我們將看到辛普森悖論 (Simpsons's paradox) 對單純
的統計決策考量造成挑戰，因而當我們在面對數據的
時候，我們得從因果關係的角度來進行決策考量，而
不能只從統計相關性來進行決策考量；另一方面，我
們將看到日常生活中的因果概念與前幾章所闡釋的因
果影響力概念有所差異，要更明確的掌握日常因果概
念，一方面我們得將目光放在日常因果概念著重在對
於異常事件的解釋上，另一方面也得注意到日常因果
概念依賴於規範與常規的考量上，這個考量在過失責
任相關的因果關係判斷中尤其重要，但這也顯示人類
是某種「守舊」的動物。

當伯爾自問：「為何要學習因果關係？」他自答：「我們
之所以學習因果關係，因為我們想要瞭解數據，以從中得到
行動及決策的指引，並從過去的成功及失敗中學習。」(Pearl

2016: 1)

從一開始對因果推論及因果關係的糾結，到經歷哲學及流行病學的探究，延續到因果模型理論的因果算術定義，我們已經介紹完因果大革命的主要理論建構。然而，我們依然缺乏說明這個大革命所造成的重大影響，這將是本章的主要工作。

5.1 加減乘除不夠用

辛普森悖論出現在伯爾許多的研究著作中，常特別用來介紹因果模型理論，尤其是理想干預運算 *do*(.) 的概念及重要性。如同大部分的科學家一樣，即使是在推銷自己的創見，也顯得不特別在意聽眾是否能瞭解背後的涵意，希望我在這一節中可以表現得比伯爾好一點。

辛普森悖論是一個基於利用統計資料，以進行行動及決策考量而產生的悖論。辛普森悖論緣起於以下形式的統計資料，在這個統計資料中，有用藥的子群體（男性、女性）相較於沒用藥的子群體（男性、女性）有較高的復原率，但有用藥的母群體（將有用藥的男性與女性相加起來）相較於沒用藥的母群體（將沒有用藥的男性與女性相加起來）卻有較低的復原率。

表 18

	有用藥	沒用藥
男性	87 人中 81 位復原 (93%)	270 人中 234 位復原 (87%)
女性	263 人中 192 位復原 (73%)	80 人中 55 位復原 (69%)
男性加女性	350 人中 273 位復原 (78%)	350 人中 289 位復原 (83%)

以上表 18 數據中，最令人疑惑的一點，來自於以下的現象：**看起來服用藥物顯然皆增加男性及女性的復原率，但是服用藥物卻減少了男女加總起來的總復原率**，何解？

　　以上的統計資料看來是荒謬的：如果用藥對男性及女性都有益，怎麼可能對男女整體有害？對一個病患來說，藥物使他復原率增加（從性別的觀點看），也使得他復原率降低（從人類的觀點看），這如何可能？同時，也引發一個決策難題：對醫生來說，他是否應該對一個病患建議使用此藥物？醫生應從「性別」角度來考慮是否建議用藥，還是從「無性別」角度來考量用藥建議？如果在機率上會增加復原率是建議服用藥物的決策理由，而在機率上會降低復原率是建議不服用藥物的決策理由，面對一個病患來說，醫生應建議服用藥物（從性別的觀點看），也建議不服用藥物（從人類的觀點看），這如何是好？這便是辛普森悖論。

　　辛普森悖論源於企圖利用統計資料來進行決策，但統計資料卻建議了不同而相衝突的決策方向。辛普森悖論的難處，不

只是很難直接看出到底應如何對悖論中的數據進行決策考量，
更在於這樣的決策考量如何能在原則上有普遍的適用性。不管
在針對以上悖論中的數據，所建議的是依有用藥的子群體資料
還是依有用藥的母群體資料而行動，這種建議都將面臨以下數
據的挑戰。考慮表 18 中的同一批人，在實驗結束後測量血壓，
取得以下表格中實驗後血壓與使用藥物復原的相關性。

表 19

	有用藥	沒用藥
血壓高	270 人中 234 位復原 (87%)	87 人中 81 位復原 (93%)
血壓低	80 人中 55 位復原 (69%)	263 人中 192 位復原 (73%)
血壓高加血壓低	350 人中 289 位復原 (83%)	350 人中 273 位復原 (78%)

延續表 18 中資料的荒謬性，表 19 也很奇怪：如果用藥對血壓
高及血壓低都無益，怎麼可能對整體（要嘛血壓高、要嘛血壓
低）有益？而且，表 19 中呈現的現象剛好與表 18 相反，在表
19 中，看起來藥物對以血壓高低區分的子群體皆有害，但卻
對整體群體有益。而決策議題在於，對醫生來說，他是否應該
對任一病患建議使用此藥物？醫生在事前無從取得事後血壓，
那該如何建議用藥？

　　從以上兩個例子，讀者們應可看出辛普森悖論一個基本機
率模式：某個特性 E（如康復率），在是否採取某個行動 A（如

使用某種治療）作為條件下的機率差異，對母群體（整個群體）
與子群體（是否具有某個特性 *F*）來說剛好相反。

| 母群體 | 「在 *A* 發生為條件下，*E* 發生」的機率，大於「在 *A* 沒發
生為條件下，*E* 發生」的機率。

　　（範例：表 19 中，「有用藥的情況下，復原發生」的機率
大於「沒有用藥的情況下，復原發生」。）

| 子群體 1 | 「在 *A* 發生及 *F* 發生為條件下，*E* 發生」的機率，小於
「在 *A* 沒發生及 *F* 發生為條件下，*E* 發生」的機率。

　　（範例：表 19 中，「有用藥且為血壓高的情況下，復原
發生」的機率小於「沒有用藥且為血壓高的情況下，復
原發生」。）

| 子群體 2 | 「在 *A* 發生及 *F* 沒發生為條件下，*E* 發生」的機率，小於
「在 *A* 沒發生及 *F* 沒發生為條件下，*E* 發生」的機率。

　　（範例：表 19 中，「有用藥且為血壓低的情況下，復原
發生」的機率小於「沒有用藥且血壓低的情況下，復原
發生」。）

| 母群體 | 「在 *A* 發生為條件下，*E* 發生」的機率，小於「在 *A* 沒發
生為條件下，*E* 發生」的機率。

　　（範例：表 18 中，「有用藥情況下，復原發生」的機率小
於「沒有用藥的情況下，復原發生」。）

| 子群體 1 | 「在 A 發生及 F 發生為條件下，E 發生」的機率，大於「在 A 沒發生及 F 發生為條件下，E 發生」的機率。

（範例：表 18 中，「有用藥且為男性的情況下，復原發生」的機率大於「沒有用藥且為男性的情況下，復原發生」。）

| 子群體 2 | 「在 A 發生及 F 沒發生為條件下，E 發生」的機率，大於「在 A 沒發生及 F 沒發生為條件下，E 發生」的機率。

（範例：表 18 中，「有用藥且為女性的情況下，復原發生」的機率大於「沒有用藥且為女性的情況下，復原發生」。）

很顯然的，辛普森悖論中所呈現的統計數值分布，是一個簡單的數學事實，沒什麼好爭議的。而令統計學家以及流行病學家困窘的問題，來自於統計學家以及流行病學家強調統計數字有意義，而且有決策考量上的意義，所以才會有辛普森悖論（因此對數學家而言，辛普森悖論不存在）。

辛普森悖論與機率決策

辛普森悖論其實有一個重要的小細節，這個小細節連結到所謂的**理性決策理論** (rational decision theory)，其實或許正是基於這個額外連結，伯爾才對辛普森悖論如此衷情。

在理性決策理論中，有一個受到很多關注的經典原則（但最後被公認為是個錯誤的原則），稱為**理當如此原則** (sure-thing principle)。

| 理當如此原則 |

若條件 *A* 成立，則應做 *f* 而不是 *g*

若條件 *A* 不成立，則應做 *f* 而不是 *g*

要嘛條件 *A* 成立，要嘛條件 *A* 不成立

所以，應做 *f* 而不是 *g*

理當如此原則是由薩瓦奇（Leonard Savage）所提出（Savage, 1954），他認為：「**在決策考量的原則裡，除了邏輯定理外，我不知道還有哪個原則，像理當如此原則這樣容易被接受。**」(Savage 1954: 21) 而現實上，理當如此原則確實很有道理，考慮以下運用理當如此原則的推理，看起來是完全沒有問題。

如果國民黨候選人會當選，應該現在買房而不是賣房（因為到時房價會漲）。

如果民進黨候選人會當選，應該現在買房而不是賣房（因為到時房價會漲）。

要嘛國民黨候選人會當選，要嘛民進黨候選人會當選。

所以，應該現在買房而不是賣房（因為到時房價會漲）。

如此看似合理的原則，會出現什麼問題呢？

　　關於理當如此原則的問題，文獻上討論非常多，我們可以來看以下運用理當如此原則，進而產生不良結論的例子。

如果我未來會發財，那我應該不要努力工作（輕輕鬆鬆比較爽）。

如果我未來不會發財，那我應該不要努力工作（一樣，輕輕鬆鬆比較爽）。

要嘛我會發財、要嘛我不會發財。

所以，我應該不要努力工作。

以上的結論顯然是有問題的，但一般認為前提沒問題，所以歸咎到理當如此原則的錯。

我們試著來將理當如此原則，運用在辛普森悖論的數據上，我們運用的方式是利用復原率來進行決策。

如果病人是男性，應該建議服藥（因為男性服藥復原率較高）。

如果病人是女性，應該建議服藥（因為女性服藥復原率較高）。

要嘛病人是男性或是女性。

所以，應該建議病人服藥。

然而，根據辛普森悖論的數據及利用復原率來進行決策，我們針對母群體的數據考量，同時可以得到應該建議病人不服藥（因為整體而言復原率低），這個結論與利用理當如此原則所得到的結論相衝突，這是辛普森悖論的邏輯正式版本。

補充說明

» 大咖們都有意見的原則

關於理當如此原則的問題，有許多學者參與討論，其中包含得過諾貝爾獎的學者，如歐曼 (Robert Aumann) 及艾萊斯 (Maurice Allais)，以及諾貝爾獎級的學者，如伯爾在 2011 年因為在因果推理研究上的貢獻，獲得電腦學界中媲美諾貝爾獎的圖靈獎 (Turing Award)。

伯爾的解決方案

在辛普森悖論這個議題上，或許讀者們對如何解決已經有點想法，讀者可以接著看看，我將試圖引導到什麼樣的解答。一般來說，學者們認為應對理當如此原則的運用有所限制，以避免有問題的推論。然而，究竟該如何限制理當如此原則的使用，學者們的看法不一，以下僅就伯爾的限制加以說明，順便解釋伯爾如何解決辛普森悖論。

要說明伯爾對辛普森悖論的解決方案，我們要先介紹伯爾對決策行動的看法，主要分為兩點。第一，對伯爾而言，所謂的決策行動 A，其實就是一個理想干預 A。因此，針對某個因果模型進行決策考量，其實就是對因果模型進行理想干預運算 $do(A)$。第二，兩個行動選項 A 及 B 中，究竟應選擇行動 A 或行動 B，取決於哪一個行動能提供較高的價值。

　　基於以上對伯爾決策理論的簡介，我們先來考慮伯爾如何分析表 18 所引發的決策問題。針對表 18，我們區分出三種事件類型（變元），並得出以下符合統計數據的因果圖形。

$X = 1$ 代表有服藥

$X = 0$ 代表沒有服藥

$Y = 1$ 代表康復

$Y = 0$ 代表沒有康復

$Z = 1$ 代表男性

$Z = 0$ 代表女性

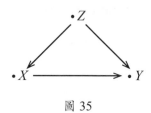

圖 35

假定我們把復原率當作是行動的價值，我們關心的是在吃藥及不吃藥的情況下，母群體及子群體的復原率。所以，我們等於是要對圖 35 進行理想干預運算，得到以下兩個圖。

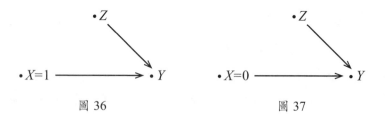

圖 36　　　　　　　　　　圖 37

　　至此為止，我們還沒有回應最先前提出辛普森悖論時所爆出的問題：「究竟應從母群體來考量決策，還是從子群體來考量決策？」這個問題，並沒有因為以上的分析就消失。而針對

表 18 來進行決策考量，我們要考慮的是**性別 (Z) 是不是在獨立於服藥與否 (X) 的情況下，對康復與否 (Y) 具有因果影響力**（我們在這裡關心的不是「性別」的標籤，而是性別的生理特性與康復與否的因果影響力）。各位只要看一下圖 36 及圖 37，就可看出性別 (Z) 確實在獨立於服藥與否 (X) 的情況下，對康復與否 (Y) 具有因果影響力。所以，針對表 18，我們應從子群體（性別）考量出發進行決策判斷，而這明顯的是一種特異性考量。

根據以上的分析，當性別 (Z) 確實在獨立於服藥與否 (X) 的情況下，對康復與否 (Y) 具有因果影響力，我們應從子群體進行決策考量，這個決策策略的合理性，在下一個數據中更明確。

表 20

	有用藥	沒用藥
男性	87 人中 81 位復原 (93%)	270 人中 234 位復原 (87%)
女性	263 人中 184 位復原 (70%)	80 人中 60 位復原 (75%)
男性加女性	350 人中 265 位復原 (76%)	350 人中 294 位復原 (84%)

在表 20 中，兩個性別群體顯然對藥物服用與否來說，有不一樣的復原率對比，尤其男性的復原率和整體的復原率對比相反。根據伯爾的看法，顯然我們應該從性別的角度來看待是否用藥，而不是從整體的角度來看待是否用藥。

　　我們現在來考慮伯爾如何分析表 19 所引發的問題。針對表 19，我們區分出三種事件類型（變元），並得出以下符合統計數據的因果圖形（其中把血壓高低的改變發生在服藥之後納入考量）。

$X = 1$ 代表有服藥

$X = 0$ 代表沒有服藥

$Y = 1$ 代表康復

$Y = 0$ 代表沒有康復

$Z = 1$ 代表血壓高

$Z = 0$ 代表血壓低

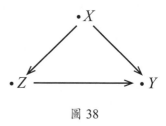

圖 38

假定我們把復原率當作是行動的價值，我們要計算在吃藥及不吃藥的情況下，母群體及子群體的復原率。所以，我們等於是要對圖 38 進行理想干預運算，得到以下兩個圖。

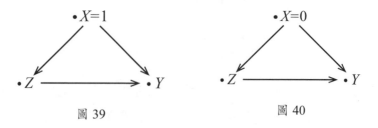

圖 39　　　　　　　　　圖 40

回到先前提出辛普森悖論時，所關心的問題為：「究竟應從母

群體來考量決策，還是從子群體來考量決策？」而針對表 19
來進行決策考量，我們要考慮的是**血壓 (*Z*) 是不是在獨立於服
藥與否 (*X*) 的情況下，對康復與否 (*Y*) 具有因果影響力**（我們
在這裡關心的不是「血壓」的標籤，而是血壓的生理特性對康
復與否的因果影響力）。各位只要看一下圖 39 及圖 40，就可
看出血壓 (*Z*) 沒有在獨立於服藥與否 (*X*) 的情況下，對康復與
否 (*Y*) 具有因果影響力。相反的，因為服藥會經過影響血壓而
影響復原率，所以針對表 19，我們應從母群體考量出發進行
決策判斷，而這代表服藥後的血壓高低不納入特異性的考量。

　　針對伯爾對辛普森悖論的分析，我們可以對第 4 章中討論
的特異性考量，提出進一步的分析。

| 特異性考量原則 | 在考量是否進行行動 $X=n$ 以達成目的 $Y=m$ 的時候，
當行動者具有 $Z=o$ 的特性，而且 $Z=o$ 獨立於 $X=n$ 而對 $Y=m$ 有因果影響
力，則應將 $Z=o$ 納入是否進行行動 $X=n$ 以達成目的 $Y=m$ 的考量。其中，
所謂 $Z=o$ 獨立於 $X=n$ 而對 $Y=m$ 有因果影響力，代表 $Z=o$ 對 $Y=m$ 有因
果影響力，而且在因果圖形中，不存在一個由 X 經由 Z 指向 Y 的因果
路徑，但是存在一個由 Z 指向 Y 的因果路徑。

　　針對以上的原則，我們用以下兩個例子來說明如何應用。
首先，對於表 18 以及相應的圖 35 來說，當我們考量是否進行
行動 $X=1$（服藥）來達成目的 $Y=1$（康復）的時候，因為 Z（性

別）獨立於 X 而對 Y 有因果相干性（因為沒有箭頭從 X 指向 Z，但有箭頭由 Z 指向 Y），所以 $Z=1$(或 $Z=0$) 獨立於 $X=1$ 而對 $Y=1$ 有因果影響力，因而應將 $Z=1$（或 $Z=0$）納入是否進行行動 $X=1$ 來達成目的 $Y=1$ 的考量。另一方面，對於表 19 以及相應的圖 38 來說，當我們考量是否進行行動 $X=1$（服藥）來達成目的 $Y=1$（康復）的時候，因為 Z（血壓）不獨立於 X 而對 Y 有因果相干性（因為有箭頭從 X 指向 Z，且有箭頭由 Z 指向 Y），所以 $Z=1$(或 $Z=0$) 不獨立於 $X=1$ 而對 $Y=1$ 有因果影響力，因而不應將 $Z=1$（或 $Z=0$）納入是否進行行動 $X=1$ 來達成目的 $Y=1$ 的考量

■ 修正理當如此原則

根據伯爾的看法，辛普森悖論的發生，來自於運用了理當如此原則進行決策考量，而理當如此原則的錯誤，來自於以條件機率作為理性決策依據。如果我們將行動決策中的行動視為理想干預，並據此來進行決策考量，便不會有辛普森悖論的發生。

對伯爾來說，相應於將行動決策中的行動視為理想干預，我們也應對理當如此原則進行修正 (Pearl 2009: 181)。

| 因果化理當如此原則 | 假定 f 及 g 是兩個理想干預行動，且假定 f 及 g 皆不影響事件 B 發生及事件 B 不發生的機率。如果在事件 B 發生的條件下，做 f 的價值高於 g（所以應該做 f）；在事件 B 不發生的條件下，

做 *f* 的價值也高於 *g*（所以應該做 *f*）；而且要嘛事件 *B* 發生、要嘛事件 *B* 不發生；因而可以得出 *f* 的價值也高於 *g*（所以應該做 *f*）。

如果我們從理想干預的角度來進行決策考量，而且利用的是因果化理當如此原則，便不會有辛普森悖論的發生，因為對各個子群體都有利的行動，對整體來說也一定是有利的。

　　針對表 18 的數據及相應的因果模型，服藥與否作為理想干預不會影響性別群體的比例，因此可利用因果化理當如此原則來進行決策考量，但不會得出相應的辛普森悖論。而針對表 19 的數據及相應的因果模型，服藥與否作為理想干預會影響血壓高低群體的比例，因此無法利用因果化理當如此原則來進行決策考量，也就不會得出相應的辛普森悖論。

5.2 說完的與沒說完的

　　先前的 2.2 節中，強調反事實因果關係捕捉到的是因果影響力，與日常生活中關心的因果關係或是原因不見得完全一致，而有所分歧。在本節中，我們將進一步來處理這個分歧的一個重要面向，關心的議題將集中在事件之間具有反事實關連性，但事件間卻不具有日常因果判斷下的因果關係的例子上。

　　在哲學文獻中討論反事實關連性與日常因果判斷時，是由 2.2 節中所提到的路易士反事實因果理論來進行，並使用以下

的反事實依賴 (counterfactual dependence) 這個概念來表示。

| 反事實依賴 | 事件 e 反事實依賴在事件 c 上，意謂以下的兩個條件成立：
1. 事件 c 及事件 e 皆發生，
2. 「如果事件 c 沒發生，則事件 e 不會發生」在非回溯式思考的情況下成立。

針對事件間有反事實依賴關係，但卻沒有日常因果判斷下的因果關係，我們首先來看看以下這個例子。

| 保鏢案例 | 殺手在市長的咖啡裡放了致命毒藥，市長保鏢身上帶有中和毒性的解藥，但並沒有放入咖啡中，市長不注意時喝了咖啡身亡。

在保鏢案例中，以下兩個反事實依賴成立。

| 反事實依賴 1 | 殺手下毒，市長死亡；倘若殺手沒下毒，則市長不會死。
| 反事實依賴 2 | 保鏢沒給市長服用解藥，市長死亡；倘若保鏢給市長服用解藥，則市長就不會死。

根據以上的案例，「市長死亡」反事實依賴在「殺手下毒」上，

而且「殺手下毒」可以很合理的被視為是「市長死亡」的原因；但是，雖然「市長死亡」反事實依賴在「保鏢沒有把解藥放入咖啡中」，但是一般來說並不會認為，這個例子中「保鏢沒有把解藥放入咖啡中」是「市長死亡」的原因。換言之，根據「市長死亡」反事實依賴在「保鏢沒有放解毒劑」，我們或許可以說「保鏢沒有放解毒劑」對「市長死亡」有因果影響力，但以此宣稱「保鏢沒有放解毒劑」是「市長死亡」的原因卻很不合乎日常因果判斷的直覺。我們可以進一步追問，為何有些反事實依賴可以呈現出因果關係，但有些卻不行？

　　根據因果模型理論，我們可以為以上的保鏢案例提供以下的變元、變元間決定性關係表 21 以及因果圖形圖 41。

$P = 1$ 代表咖啡被下毒　　　　$D = 1$ 代表市長死亡

$P = 0$ 代表咖啡沒被下毒　　　　$D = 0$ 代表市長沒死亡

$B = 1$ 代表保鏢放入解毒劑

$B = 0$ 代表保鏢沒放入解毒劑

表 21

死亡與否 下毒與否	放解毒劑與否 $B = 1$	$B = 0$
$P = 1$	$D = 0$	$D = 1$
$P = 0$	$D = 0$	$D = 0$

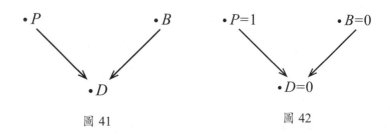

圖 41　　　　　　　　　　　　　圖 42

我們不難驗證，對於標值因果圖形 42，恰當的呈現了保鏢案例中的反事實關連性，例如反事實條件句「若 B=1 則 D=0」成立。

　　針對保鏢案例對反事實依賴作為因果關係的挑戰，我們先來提供以下源於哲學家希區考克 (Christopher Hitchcock) 在 2007 年論文中所做的觀察。在案例中，「市長死亡」反事實依賴在「殺手下毒」，且很合理的被理解為「殺手下毒」是「市長死亡」的原因。而且，當不知道市長因何而死的人問起「為何市長死亡？」，「殺手下毒」這個回答，完全沒有違和感，因為「殺手下毒」輕易的提供了「市長死亡」的充分解釋（因為沒什麼沒解釋清楚的）。

　　相對的，針對「市長死亡」反事實依賴在「保鏢沒有放解毒劑」，但「保鏢沒有放解毒劑」卻不是「市長死亡」的原因，我們也可進行類似的觀察。當不知道市長因何而死的人問起：「為何市長死亡？」，若回答「保鏢沒有放解毒劑」，這樣的回答很奇怪也完全不會令人滿意，因為「保鏢沒有放解毒劑」

根本無法對「市長死亡」提供一個充分解釋，反而只會令問問題的人更加疑惑，甚至更進一步質疑：「為何保鏢沒有放解毒劑所以市長死亡？」更進一步思考，之所以「保鏢沒有放解毒劑」無法對「市長死亡」提供一個充分解釋，或許是因為反事實語句「如果保鏢有放解毒劑則市長不會死」之所以為真，是基於「殺手下毒」才成立的，而對任何一個不知道殺手下毒的人，也同時難以理解為何「如果保鏢有放解毒劑則市長不會死」為真，所以也難以理解為何「保鏢沒有放解毒劑」可以作為「為何市長死亡？」的答案。

當「如果保鏢有放解毒劑則市長不會死」是基於「殺手下毒」才成立，我們可以說「市長死亡」反事實依賴在「保鏢沒有放解毒劑」之所以成立，是**依賴** (dependent) 在或說是**寄生** (parasitic) 在「殺手下毒」這件事之上，而如果殺手沒下毒，市長根本就不會死，因而「市長死亡」反事實依賴在「保鏢沒有放解毒劑」這樣的說法也就不成立。我們甚至可以猜測，之所以「保鏢沒有放解毒劑」無法充分解釋「市長死亡」，正是因為「市長死亡」對「保鏢沒有放解毒劑」有反事實依賴，是一個寄生性的反事實依賴。

然而，細心的讀者定會追問，難道我們不能說「市長死亡」之所以反事實依賴在「殺手下毒」，是寄生在「保鏢沒有放解毒劑」之上嗎？畢竟如果保鏢放了解毒劑，「市長死亡」這個事實就不成立了，「市長死亡」就不是反事實依賴在「殺

手下毒」上了，不是嗎？

　　針對以上的好問題，希區考克提供了一個絕妙的答案。希區考克針對因果關係提出兩個重要觀察，其一，他觀察到我們並不會對任何事件都關心其發生的原因，而且也不是任何事件我們都可以很自然的詢問其原因，事實上只有所謂的不正常事件或異常事件才能合理的詢問及解釋其原因，而且，異常事件的原因及其解釋，必定是一個異常事件。例如，如果今年風調雨順，我們通常不會去問風調雨順的原因是什麼，除非我們認為風調雨順「很不正常」或者是「異常」，或許在我們認定極端氣候為常態的情況下，我們會問風調雨順的原因是什麼。而相對的，今年蜂蜜產量很不正常的變少，我們很自然的會去追問為何蜂蜜產量變少，因為變少是不正常的。

　　讀者應該很自然的有一個疑惑：「如何定義正常事件與異常事件的差別？」對於正常事件與異常事件的差別，希區考克認為正常事件就是那些在系統中，沒有其他影響因子的情況下，會持續存在或延續下去的狀態，否則就是異常狀態。對希區考克來說，正常狀態與異常狀態的對比，是一個相對於系統及情境而會有所不同的彈性對比。從理論的面向來看，例如根據牛頓力學，物體的速度在沒有外力的影響下會持續不變（所以是正常狀態，這是慣性定律所告訴我們的），但加速度則否（所以是異常狀態）。從生物學的觀點，或許認為生物「活著」是一個正常狀態（從生物學的觀點來看，生物的死亡，得由某

種影響因素來說明與解釋），但從生理學的觀點看，「活著」需要耗費極大的努力因而是異常狀態（從生理學的觀點，就算是心臟跳動也仰賴著極複雜的生理活動）。當正常狀態代表系統在沒有外力影響下，所持續保持的狀態，系統的某種慣性特性便是正常狀態的來源。從生物學觀點，活人的慣性是繼續活著（雖然人終有一死，但死亡的發生是需要被解釋的），但死人的慣性則是持續保持死亡的狀態。

　　希區考克的第一個觀察已經夠妙了，第二個觀察更有趣，他發現反事實依賴只會寄生在異常事件上，例如殺手下毒，而不會寄生在正常事件上，例如保鑣沒有放解毒劑。在這個對於寄生式反事實依賴的觀察上，我們可以進一步推廣成為對充分解釋的定義。

| 充分解釋 | P 提供了一個對 Q 的充分解釋，其意涵為，(i) P 及 Q 皆為異常事件，且「如果 P 不發生則 Q 不發生」，也就是 Q 反事實依賴在 P 上；以及 (ii) 即使所有由 P 連結到 Q 的因果相關事件外的事件，皆設定為正常事件，「如果 P 不發生則 Q 不發生」依然成立，也就是說，即使所有由 P 連結到 Q 的因果相關事件外的事件，皆設定為正常事件，Q 依然反事實依賴在 P 上。

以保鑣案例為例，當我們把保鑣是否放解毒劑的變元值，設定

為保鏢沒放解毒劑（正常事件），則「如果殺手沒下毒則市長不會死」為真；但是，當我們把殺手是否下毒的變元值，設定為殺手沒下毒（正常事件），則「如果保鏢放解毒劑則市長不會死」為假，因而便合理的得出保鏢沒放解毒劑不是市長死亡的充分解釋。

在因果模型的架構下，我們可以將充分解釋的概念更清楚的描述如下。

| 充分解釋──模型版本 | $X=n$ 提供了一個對 $Y=m$ 的充分解釋，其意涵為，(i) $X=n$ 及 $Y=m$ 皆為異常事件，且「如果 $X=n$ 不發生則 $Y=m$ 不發生」；以及 (ii) 除了 X 連結到 Y 的因果路徑上的變元，將所有 Y 的直屬上級變元，以理想干預的方式將值設定為正常事件後，「如果 $X=n$ 不發生則 $Y=m$ 不發生」依然成立。

透過以上的設定方式，讀者可自行檢驗，保鏢沒有放解藥不是市長死亡的充分解釋，而殺手下毒是市長死亡的充分解釋。

至此，相信讀者應可猜出我們對日常因果的定義方式將如下，稱為經典因果關係。

| 經典因果關係 | P 是 Q 的經典原因，意謂 P 是 Q 的充分解釋。

最後，讀者可以合理預期，雖然以上所呈現的希區考克的分析

看來很不錯，但必定會有漏洞，在哲學討論的世界中一向如此。有興趣細究希區考克論點的讀者，可進一步參考王鵬翔 (2019) 以及王鵬翔與王一奇 (2021)。

5.3 不守規矩就遭殃

　　針對以上藉由訴求異常事件，以捕捉反事實關係與日常因果概念的連結，依然有其問題（或說是應用上的限制），很顯然無法好好說明以下的例子。

┃女王案例┃小明的父母長期沉迷網路，沒有好好照顧小明，小明身材瘦小營養不良。如果小明的父母好好照顧小明，小明就不會營養不良。同樣的，如果英國女王好好照顧小明，小明也不會營養不良。

即使「如果小明的父母好好照顧小明，小明就不會營養不良」成立，而且「如果英國女王好好照顧小明，小明也不會營養不良」也成立，但卻只有「小明的父母沒有好好照顧小明」，被合理的認為是「小明營養不良」的原因，這顯然很難從經典因果關係的角度，來提出一個恰當的說明。

更多務實的例子

對於反事實因果理論及經典因果關係理論的挑戰，案例相當的多，而且深刻的連結到我們的社會生活及法律議題中。

首先，我們先用以下的案例試水溫。

| 救生員案例 | 當遊客在救生員 L 看顧的範圍內溺斃的時候，救生員 L 正好在值勤時偷懶打瞌睡。救生員 L 生性極度不負責任，即使救生員 L 沒在值勤時打瞌睡，L 也都是躲起來在做打電動、看電視、打電話給女友等不值勤的行為。所以，「如果救生員 L 當時沒有躲起來打瞌睡，遊客照樣會溺斃」（也就是說，並非「如果救生員 L 當時沒有躲起來打瞌睡，遊客就不會溺斃」）。

從反事實因果理論及經典因果理論的角度來看，我們都無法宣稱「救生員 L 值勤時打瞌睡」是「遊客溺斃」的原因，因為**救生員 L 值勤時沒打瞌睡的反事實情況有太多可能性，不見得在這些眾多可能性中，遊客不溺斃都是其結果**。如果是這樣子的話，我們應如何追究救生員要對遊客溺斃的死而負責呢（一種過失責任）？單單懲罰救生員值勤時打瞌睡（如扣薪水），遠遠無法為遊客的溺斃討公道。

▍農夫案例

　　某天，在搬運農藥桶時，農夫被掉落的農藥桶砸中胸口，當時雖無大礙，但因胸口悶痛、呼吸不順而就醫。在醫院時，醫生根據農夫的說法，做了胸口 X 光檢驗及其他一般性心臟檢查，無明顯異樣，判定無大礙，農夫拿了些藥物就回家了，兩天後，農夫心臟破裂送醫後死亡。家屬控告醫生醫療疏失，檢察官依法醫驗屍報告起訴醫生，起訴主要理由如下：「若醫生當初在醫院時進行更多心臟檢查及留院觀察，當時就會發現農夫心臟已經受損、並加以治療，農夫就不會在兩天後心臟破裂死亡。」（彰化地方法院 98 年訴字第 1892 號判決）讀者思考一下，面對這樣的起訴書，如果你是法官，是否會判定醫生醫療過失導致農夫死亡？

　　假設在這個農夫死亡的案例中，檢察官的判斷是對的，也就是說，「若醫生當初在醫院時進行更多心臟檢查及留院觀察，農夫就不會在兩天後心臟破裂死亡。」這個反事實條件句成立，但這難道就能用來代表醫生當初沒有進行更多醫療措施，因而導致農夫死亡嗎？若是，再試想，「若其他醫生當初在醫院時進行更多心臟檢查及留院觀察，農夫就不會在兩天後心臟破裂死亡」成立，那不就也代表這些「其他醫生」也都有醫療過失導致農夫死亡？

車禍案例

　　小貨車駕駛無照（已被吊銷）、酒後、超速駕車，撞死機車騎士，檢察官依下列理由，以業務過失致死起訴小貨車駕駛：「汽車行進中駕駛人應注意車前狀況，隨時採取必要安全措施；……而依當時情形又無不能注意之情事，竟疏於注意，未留意前方車前狀況，並以超過時速五十公里速度超速行駛，適對向由被害人○○○騎乘車牌號碼 000-000 號重型機車疏未依該路口之號誌燈指示，未俟左轉號誌燈顯示，即貿然左轉，遂遭○○○所駕駛之自用小貨車撞及，致○○○人車倒地，……經送往醫院急救，仍因頭胸腹部鈍力損傷不治死亡。」（臺灣高等法院 103 年交上訴字第 130 號判決）面對這樣的起訴書，如果你是法官，是否會判定小貨車駕駛業務過失導致機車駕駛死亡？

　　以上的起訴理由，隱含了反事實考量，訴求「如果貨車駕駛留意前方狀況，則被害人就不至於死亡」，並以此作為究責的依據。而問題出在於，即使這個反事實考量為真，就可以對貨車駕駛進行究責嗎？用個較為戲劇性的說法，如果當初沒有在這開馬路，或是十字路口的設計有所不同，死亡車禍也就不會發生，難道因此也要將追究責任的對象，擴及到出錢鋪馬路的政府、設計十字路口工程的土木技師、甚至賣機車的老闆嗎？

　　以上這幾個案例，從女王案例到車禍案例，所面對的一個

共同問題，來自於在非常多的反事實情境中，可使得所謂的不幸事件不發生，但那麼多的反事實情境，有些是、但有些根本就不是因果考量及究責考量要考慮的情境（其他人去救遊客、其他人去救病人等），是一些不相干的反事實情境，而利用某種原則性且合理的方式，來將這些不相干的反事實情境排除，才能是解決這個因果議題的方法。但這個原則性且合理的排除方式為何？我們姑且稱此為**排除不相干反事實情境的議題**，簡稱**反事實排除問題** (problem of counterfactual exclusion)。

因果考量中的規範與準則

針對解決排除問題，謝弗 (Jonathan Schaffer) 提供以下兩步驟的解決方案。首先，在謝弗一系列的著作中，持續辯護的所謂**對比式的因果關係** (contrastive causation)，認為因果關係是四個事件間的關係，而不是單純的兩個事件間的關係（參見 Schaffer 2005）。

| **對比式因果關係** | 事實 P 而非 $P*$ 是 Q 而非 $Q*$ 的對比式原因，意涵為，(i) $P*$ 是一種 P 不發生的狀況、而 $Q*$ 是一種 Q 不發生的狀況，以及 (ii) 若 $P*$ 則 $Q*$。

對比式因果關係中，我們稱 $P*$ 及 $Q*$ 為 P 及 Q 相對應的對比項。對比式因果關係的重要內涵之一，來自於針對 P 不發生

的反事實狀況中，限定在特性類型下的對比項 *P** 下進行考量，所以已經在架構上往反事實排除問題的解決方向進行，而且要求明確的將反事實考量 *P** 放在因果關係的表述上。

對比式因果關係中，要求對於對比項進行限制，這個構想本身並無法解決反事實排除問題，而是凸顯了反事實排除問題的重要性。當謝弗在研究法律層次的因果關係時，他得到一個重要的觀察，認為原因的對比項和規範與準則間，有密切的關連（參見 Schaffer 2010）。例如，當我們在思考救生員案例的時候，我們該思考的反事實議題為「當救生員做了他業務上應做的事，遊客是否就不會溺斃？」而救生員應做的事為「隨時注意海面上的泳客狀況」（而不只是不應該在值勤時打瞌睡），所以該進行的反事實考慮是「當救生員隨時注意海面上的泳客狀況，遊客是否就不會溺斃？」若答案為「是」，我們便可得到對比式因果關係「救生員打瞌睡而不是隨時注意海面上的泳客狀況，是遊客溺斃而不是不會溺斃的對比式原因」，據此，可以宣稱救生員業務過失導致泳客溺斃。

相對的，其他遊客及任何地球上的其他人，都沒有業務上的規範應該隨時注意海面上的泳客是否安全，這些人都不是涉及議題中業務過失的問題。

綜合以上的說法，謝弗提出了以下解決反事實排除問題的架構。

| **對比項的規範原則** | 在一領域 X 中，要宣稱「P 而非 $P*$ 是 Q 而非 $Q*$ 的對比式原因」，其中的對比項 $P*$ 應被理解為由符合領域 X 規範或準則要求的行為。

對比項的規範原則，背後蘊涵一個重要的暗示，暗示在人類實際生活中起重要作用的因果關係考量，依賴在人類實際建立起的規範及準則上，這種因果關係並不是完全獨立於「人」或是人類的「心靈活動」，不是單純的關於世界的某種描述。

其實進一步來思考對比項的規範原則，這原則不過就是指出了何以因果考量會進入究責考量的脈絡中，其理由，恰巧就是因果考量本身已被滲入規範及準則的考量，而規範與準則的考量本身就是究責的基礎（如果該做的事都做了，哪還有什麼責任呢？）。

另外，對比項的規範原則有助於我們理解許多重要的法律內涵。例如，當我們把被對比項理解為「應作為而不作為」的行為，在法律上，對比項的規範原則也可進一步，被用來說明法律上對所謂「應作為而不作為」而提起的訴訟，考慮以下的法律條文。

（行政訴訟法第 5 條）

人民因中央或地方機關對其依法申請之案件，於法令所定期間內應作為而不作為，認為其權利或法律上利益受

損害者，經依訴願程序後，得向行政法院提起請求該機關應為行政處分或應為特定內容之行政處分之訴訟。人民因中央或地方機關對其依法申請之案件，予以駁回，認為其權利或法律上利益受違法損害者，經依訴願程序後，得向行政法院提起請求該機關應為行政處分或應為特定內容之行政處分之訴訟。

當人們要依照以上的法律提起「應作為而不作為」的訴訟，該如何說明「人民因中央或地方機關對其依法申請之案件，於法令所定期間內應作為而不作為，認為其權利或法律上利益受損害」？例如，當建築公司向建築管理單位申請建築執照，雖然所有文件均已備齊且都符合建築相關法規的要求，但建管單位卻遲遲不處理，導致無法開工而蒙受巨大損失，此時可宣稱「建管單位將建築執照申請放置一邊而不是在規定期限內完成審查，造成建築公司無法開工（巨大損失）而不是順利開工（依規劃進行商業活動）」，並據此對比式原因提出訴訟。

思考啟動
應注意而未注意

參考以上利用對比項規範原則對於「應作為而不作為」的分析模式，分析所謂「應注意而未注意」的過失責任。

實例分析

在農夫案例中，醫師一審刑事有罪（彰化地方法院 98 年訴字第 1892 號），在無照酒駕撞死人案例中，法院判決原告敗訴（臺灣高等法院 103 年交上訴字第 130 號刑事判決）。針對無照酒駕撞死人案例，法院判決主要理由如下：

| 理由 1 | 被害人○○○騎乘機車，未依號誌指示行車，未俟左轉箭頭綠燈顯示，即搶先左轉之行為，於一般人之認知反應時間內（即 1 至 1.6 秒），實無即時認知反應之可能。是以，被告車輛當時縱係以該路段速限每小時五十公里之速度行駛，亦無法於兩車碰撞前，得預期即時採取閃避行為以避免本件車禍之發生，足認被告縱使符合注意義務之要求，保持客觀必要之注意，然構成要件該當結果仍會發生，則此結果即係客觀不可避免，自難遽以業務過失致死罪責相繩。

| 理由 2 | 無照駕駛及酒精濃度超過規定標準而駕車固屬行政不法，但依通常經驗而為客觀之審查，不必然皆發生肇事致人死亡之結果，況查被告早於七十五年六月間即考領有駕駛執照，足認其並非無駕駛自用小貨車之技術，又被告酒精濃度並未超過規定標準，且經員警施以直線測試及平衡動作，結果亦無不合格，顯見被告尚未達不能安全駕駛動力交通工具之程度等情，自難以此遽認被告有業務過失致死之犯行。

根據以上的判決理由 1，法官認為「就算被告依交通規則規定的速限行駛，也無法避免車禍之發生」；而根據理由 2，就被告違反交通規則的部分來說，與車禍的發生導致機車駕駛死亡沒有因果相干性，這個宣稱的理據在於「即使無駕照，但技術應沒問題」，以及「即使酒駕但未達不能安全駕駛的程度」。

從以上提供的四個因果論辯面向，我們如何分析這兩個案件呢？根據以上的因果論辯，我們可以提供以下的思考面向。

- 在農夫案例中，當初醫生進行更多心臟檢查及留院觀察，醫療專家及法官視為醫療常規；而在無照酒駕撞死人案例中，法官採信即使駕駛人依照交通規則行駛（沒超速、沒酒駕、有駕照），死亡車禍依然無法避免。

- 在農夫案例中，指出醫療常規的目的為何？而在無照酒駕撞死人案例中，為何法官關切駕駛人依照交通規則行駛會如何？在農夫案例中，基於常規所建立的對比式因果關係，提供了法官判決（進行責任歸咎）的理由；在無照酒駕撞死人案例中，無法基於常規建立起對比式因果關係，法官便沒有建立責任歸咎的理由。

  (✓) 農夫心臟破裂死亡而不是好好活著，對比式反事實依賴在醫師進行一般心臟檢查而不是進行更多心臟檢查及留院觀察。

  (✗) 機車騎士車禍身亡而不是好好活著，對比式反事實依賴在小貨車駕駛無照、酒駕、又超速而不是依交通規則駕駛。

綜合以上所言，「常規」可提供責任歸咎的理由，而對比式因果關係是常規提供給因果歸咎的理由。

　　由以上分析可見，對比式因果關係及對比項規範原則，在責任歸咎上確實扮演重要的功能。

思考啟動

　　2014 年 7 月 23 日，復興航空於澎湖發生空難，造成 49 人死亡，塔臺管制人員被依業務過失罪起訴，起訴主要理由如下：

> 被告○○○明知當時馬公機場天氣處於不穩定狀態，軍方氣象人員已發布危險天氣迄 19 時 40 分，卻遲不同意本件 GE222 班機變更 02 跑道降落，既無正當事由，本件 GE222 班機於 18 時 11 分 17 秒即等待降落，於 18 時 29 分 50 秒請求雷達引導 02 跑道 ILS 進場，因被告○○○遲不同意無法使用有較佳導航系統之 02 跑道降落，轉而使用無 ILS 系統之 20 跑道降落，加上正副駕駛員過失及天氣突然變化，致發生本件空難，被告○○○上開行為（應同意變更跑道而遲不同意）應與有過失……涉犯《刑法》第 276 條第 2 項之業務過失致人於死罪嫌。
>
> （澎湖地方法院 105 年訴字第 10 號刑事判決）

法院判決為原告敗訴，而根據判決書，法官不同意其起訴書中所謂變更跑道與事故之間的相當因果關係「顯然斷認」，主要理由如下。

(1) 惟查，上開馬公機場管制臺業務手冊第 3 章，第 3.3.3 節但書已明確規定於天駒部隊進駐期間，馬公機場除特殊原因外，不得反跑道降落，是上開證人所稱更換跑道是一般正常操作，原則上都會同意云云，是否即可據以遽認定被告○○○未同意變換跑道即屬有過失，自非無疑。

(2) 02 跑道雖有 ILS 系統及 MALSR 燈光引導設備，然在順風，且颱風過境已發布危險天氣，風速強大等情況下，尚難認被告○○○以選擇 02 跑道順風降落有安全疑慮而拒絕開放 02 跑道使用，有何過失可言，自難僅以 02 跑道相關輔助降落及燈光設備較為先進齊全，即認被告○○○未同意本件 GE222 班機使用該跑道即屬有過失。

（澎湖地方法院 105 年訴字第 10 號刑事判決）

請試著利用對比式因果考量及對比項規範原則，分析法官判決理由的思考模式為何。

第 6 章／*Chapter 6*

滲透：開始、而非結束

從三萬多年前的獅頭人身像，其中所顯現出人類由想像力來創造實在物的能力，到要恰當瞭解童話故事中的毒蘋果為什麼是「毒」的，所需要的因果關係思考力，以及以下我們要進一步說明，棒球運動中變化球的故事，都顯示出一個共同的特性，人類對於非現實的不凡想像力，在人類文明的建構中，占有難以想像的重要地位。而本書中所表述的因果大革命故事更是奇特，是一個透過想像力來研究想像力的故事。在這個故事中，我們透過想像力來研究反事實想像力，發現如何尋找反事實虛幻世界的現實線索，讓我們可以透過經驗證據所發現的相關性，來驗證反事實想像下的因果關係。以下，讓我來做一些簡單的交代作為本書的結尾。

在我們面對這個世界的時候，事物間的因果關連與否，往往不是像公雞叫與太陽升起，或是像大氣壓力與氣壓計之間，那樣的明確而易於掌握。即使是我們在多年的經驗觀察中，發現事件間有強烈的機率相關性（而這也是我們從經驗觀察中僅能發現的），事件間的因果關連依然隱匿其中。

在文獻中，很早就發現到青少棒投手投變化球與手肘受傷

有高度的機率相關,某些傳統上的觀點直接認為,青少棒投手投變化球在因果上有高機率「造成」手肘受傷,因而對青少年投手投變化球,採取了許多限制,以保護青少年投手的手肘。然而,近年來有些運動生理學的研究顯示,青少年投手投變化球不見得比投直球造成手肘更大的負荷,因而對於傳統觀點採取較為保留的態度,並進一步認為青少年投手的投球數,才是影響手肘受傷較為重要的因素,並進而建議以限制投球數來減少手肘受傷。基於目前的相關爭議尚未有最後明確的科學結論,我們對於「投變化球」、「投球數」,以及「手肘受傷」三者間的因果關係尚無法下定論。讀者在進一步閱讀以下對三者間的因果分析前,可以試著利用本書介紹過的因果模型理論,來思考三者間可能的因果關係以及相關因果議題。

根據本書所介紹的因果模型理論,可以想像以上三者間至少有以下五種可能因果關係,分別以五個因果圖形來代表,其中箭頭代表有因果相干性。

$X = 1$ 代表有投變化球

$X = 0$ 代表沒有

$Y = 1$ 代表投球數多

$Y = 0$ 代表沒有

$Z = 1$ 代表有手肘傷害

$Z = 0$ 代表沒有

圖 43

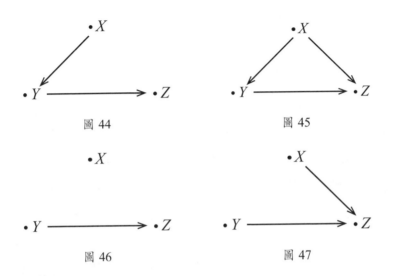

圖 44　　　　　　　　　　圖 45

圖 46　　　　　　　　　　圖 47

傳統的觀點類似於圖 43，而新的運動生理學研究結果，相容於圖 44、45 或 46，但有待進一步的數據來支持。其中，圖 44 及 45 中，由變元 X 指向 Y 的箭頭，代表投變化球會影響投球數，這點或許可以成立，因為變化球比較難打，所以上場投球數會增加。圖 46 明確的可以被排除，因為其中 X 與 Z 沒有因果相干性，所以不會有機率相關性，因而無法相容於多年來的經驗觀察。其他更多與以上圖形的相關因果議題，例如圖 44 與圖 45 在機率相關性上的差異，讀者們可以回到前面的章節中來複習一下。

　　在本書中，非常簡要的描述了因果大革命的發生，這個大革命未來勢必也將不回頭的往前邁進。讀者若要回想對於整個因果大革命故事內容的掌握程度，可以試著利用以下重點提示

來進行自我檢核。

▌重點一：第 1 章

與因果關係相關的思維滲入我們生活中的每一個細節，但如果我們要嚴肅的面對因果思維，有許多相關問題等著我們來解決。其中，最核心的問題源於因果推論是由可觀察的現象推論到包含因果概念的結論，但這樣的推論是典型的無效推論，而且結論中的因果概念也沒有明確的被定義。在我們看不到也聽不到因果關係的情況下，因果關係極度的難以捉摸，那究竟因果關係的實質內容為何？因果推論的合理性基礎何在？甚至如何能有意義的區別因果關係與非因果關係？這些都是難以被回答的問題。而基於這些問題的難以被回答，許多哲學家與科學家走上否定因果關係存在的方向，而堅信因果關係存在的人們，在漫長的探索歲月後，終於帶領我們走上因果大革命的路途。

▌重點二：第 2 章

我們從哲學家休姆以及路易士的因果理論，開始訴說因果大革命的故事。休姆雖然常被視為因果關係的懷疑論者，卻也被視為提出兩個因果關係的理論。休姆的規律連結因果理論，將因果關係視為某種規律相關性的表現，但這樣的想法遭遇到許多問題，其中最重要的問題是所謂「共同因的難題」。另一

方面，休姆的反事實因果理論將因果關係視為反事實思考的表現，而有許多的優點，並在路易士的手上利用反事實條件句的「非回溯性思考」加以改良後，可解決「共同因的難題」。然而，基於反事實思考的「正確性問題」無法獲得解決，使得因果判斷的正確與否，難以在經驗基礎上獲得恰當的回答。

重點三：第 3 章

當我們轉向流行病學中的因果概念，我們可以看到另一種用反事實考量來建立因果關係的做法。根據我所謂的「大解放宣言」：「對照組就是對實驗組的反事實估算」，比較三段論作為一個因果推論，其實就是實現休姆反事實因果關係的一種推論模式。而為了解決如何區隔相關性與因果性的問題（包含「共同因的難題」），流行病學反事實因果理論採用了獨立操作介入的概念。而以「大解放宣言」和流行病學反事實因果理論為基礎，我們便可以開始回答反事實思考的「正確性問題」，一方面我們可以探討在什麼樣的條件下，即使反事實狀況無法被實際定義及被觀察到，實驗組的反事實狀況仍可以被正確的估算（流行病學中利用的是「可交換」這概念），以及利用什麼樣的方法，可以在無法定義及得知反事實狀況為何的情況下，對於實驗組的反事實狀況進行可靠的估算（例如利用隨機取樣的方法）；另一方面，我們也可以探討在流行病學反事實因果理論架構下，各種可能會導致因果推論錯誤的影響因子

（至少包含潛在比較性干擾因子、潛在操作性干擾因子，以及潛在推論性干擾因子）。

◼ 重點四：第 4 章

因果大革命的最大亮點，來自於因果模型理論中的理想干預運算 $do(.)$。利用理想干預運算，可在因果模型中定義反事實條件句，因而可定義因果影響力以及其他相關因果概念。而因為理想干預運算可呈現出反事實條件句的非回溯式思考，以及實驗時的獨立操作介入，因而因果模型下定義的因果影響力，可輕易滿足唯一差異原則的要求，並解決相關性與因果性的問題。因而我們可以說，因果模型理論提供了哲學家以及科學家談論因果關係所需的關鍵突破點。

◼ 重點五：第 5 章

因果大革命不只是一個哲學議題以及科學方法論上的革命，也帶動了一切與因果思考相關議題的革命。而與因果思考相關的議題何其之多，因果大革命的影響因而難以衡量，一些簡單的例子可用來佐證這個說法。一方面，利用統計學中的辛普森悖論（一個理性決策悖論而非數學悖論），顯示了在進行決策考量的時候，應是以因果相關的機率考量作為決策基礎，而不應將因果考量排除在外；另一方面，雖然因果影響力的理論無法充分說明與掌握日常生活中的因果判斷，但因果模型理

論中所以提供的工具，可以幫助我們建構一個恰當掌握日常生活中因果判斷的理論。

　　在本書的結尾，請容我提醒讀者們，進行因果思考並利用因果關係進行決策考量的時候，不可或缺的應對以下三個議題進行反省。

｜議題一：因果性議題｜所掌握到的事件關連性，究竟是否代表因果關連，還是單純的某種機率或是統計相關？

｜議題二：數據議題｜所掌握到的數據，究竟是單純的觀察數據或是想像數據，還是具有驗證因果關係的數據？

｜議題三：特異性議題｜在運用因果關係時，是否對運用對象的特異性有所掌握？

最後，我想稍微提幾個讀者內心可能依然留有的疑惑，分別是我在許多學術場合及非學術場合所遭遇到的。我將不在這裡進行完整解答，僅提供部分簡單回應以表明立場，讀者可自行進一步思考，或是尋找文獻解答。

◼️ 問題：這一切是不是都太簡單了？

　　你在書中舉的例子都很簡單，大部分都是三個變元，但真實世界遠比三個變元更複雜，因果模型理論是否既不真實、也不具實用性？

簡單回應：為了介紹上的簡化，書中的例子確實用的變元不多，
　　　　　實務上的運用則需引入更多的變元進入因果考量，
　　　　　有興趣進一步深究的讀者可參考延伸閱讀資料中
　　　　　（如 Hernan & Robins 2018 以及 Pearl & Mackenzie
　　　　　2020）所提供的許多真實運用案例。

問題：物理學中也有因果關係嗎？

在物理學中，只有方程式就夠了，根本就不需要因果關
係的概念，所以因果模型理論對物理學來說是不必要的，不
是嗎？

簡單回應：因果模型理論確實可以被延伸到關於物理學中方
　　　　　程式的分析，尤其有些方程式是表達因果影響
　　　　　力的方程式，有些只是表現非因果連結關係的方
　　　　　程式，有興趣深究的讀者可以進一步閱讀相關文
　　　　　獻，如 Pearl (2000)〈後記〉(Epilogue) 中的討論、
　　　　　Woodward & Hitchcock (2003)，以及王一奇 (2019)
　　　　　第 4.4 節。

問題：哲學家的因果理論不夠嗎？

在哲學中已經有一套因果理論了，這個因果理論建立在反
事實條件句上面，為何需要因果模型理論？

簡單回應：因果模型在兩個面向上，比現存哲學中的反事實因

果理論更為優異。第一，因果模型理論提供一個具有經驗內涵的反事實條件句語意理論，而不是一個單純的而不具經驗內涵的反事實條件句語意理論（例如，以可能世界語意學理論為基礎，而建立的反事實條件句理論）。第二，在機率因果假設下，因果模型理論建立因果關係與機率關係的緊密連結，可作為科學中因果推論的實務基礎（例如定義及處理潛在干擾因子），這是哲學中反事實因果理論所無法提供的。

問題：因果模型理論還有什麼用？

你宣稱因果模型理論有很多運用，但是說的很少，可以多說一點怎麼用嗎？可以用來說明何謂充分條件及必要條件嗎？

簡單回應：讀者除了可以在延伸閱讀資料中，找到許多關於因果模型理論的科學實務運用，也可在王一奇 (2019) 中找到許多因果模型理論在哲學議題上的運用。而關於因果模型理論在充分條件及必要條件上的理論運用，是作者目前正在進行的研究工作，敬請期待。

問題：機制呢？機制呢？

這本書把重點放在因果關係上，但在各種科學中，如分子生物學，重點是發現機制 (mechanism)，但你只談了因果，為

何沒有談機制呢？而且，機制也代表一種因果，不是嗎？

簡單回應：關於機制在科學中的重要性，是近年來科學哲學
中的重要研究議題。而關於因果與機制的關係，
以及因果模型理論是否可涵蓋機制，是一個爭論
中的議題，有興趣的讀者可參閱 Woodward (2011)
及 Pearl & Mackenzie (2018) 第九章中關於「中介」
(mediation) 的討論。

附錄：延伸閱讀

一、進階閱讀

Hernan, Miguel & Robins, James (2020), *The Causal Inference Book*, Boca Raton: Chapman & Hall/CRC, forthcoming.

Illari, Phyllis, Russo, Federica & Williamson, Jon (2011) (eds.), *Causality in the Sciences*, Oxford University Press.

Imbens, Guido & Rubin, Donald (2015), *Causal Inference for Statistics, Social, and Biomedical Sciences: An Introduction*, Cambridge University Press.

Morgan, Stephen & Winship, Christopher (2015), *Counterfactuals and Causal Inference Methods and Principles for Social Research, 2nd Edition*, Cambridge University Press.

Pearl, Judea (2009), "Causal Inference in Statistics: An Overview," *Statistics Surveys*, 3, 96–146.

Pearl, Judea, Glymour, Madelyn & Jewell, Nicholas (2016), *Causal Inference in Statistics: A Primer*, Wiley.

Pearl, Judea & Mackenzie, Dana (2018), *The Book of Why: The New*

Science of Cause and Effect, Basic Books.

Peters, Jonas, Janzing, Dominik, Schölkopf, Bernhard (2017), *Elements of Causal Inference: Foundations and Learning Algorithms*, The MIT Press.

Rosenbaum, Paul (2017), *Observation and Experiment: An Introduction to Causal Inference*, Harvard University Press.

Sloman, Steven (2009), *Causal Models: How People Think about the World and Its Alternatives*, Oxford University Press.

Wang, Linton & Ma, Wei-Fen (2014), "Comparative Syllogism and Counterfactual Knowledge," *Synthese*, 191 (6), 1327–1348.

王一奇 (2019)，《另類時空圖書館》，臺大出版中心。

二、經典著作

Greenland, Sander & Robins, James (1986), "*Identifiability, Exchangeability, and Epidemiological Confounding,*" *International Journal of Epidemiology*, 15 (3), 413–419.

Lewis, David (1973a), *Counterfactuals*, Harvard University Press.

Lewis, David (1973b), "Causation," *Journal of Philosophy*, 70 (17), 556–567.

Lewis, David (1979), "Counterfactual Dependence and Time's Arrow," *Noûs*, 13 (4), 455–476.

Maldonado, George & Greenland, Sander (2002), "Estimating Causal

Effects," *International Journal of Epidemiology*, 31 (2), 422–429.

Pearl, Judea (2000), *Causality: Models, Reasoning and Inference*, Cambridge University Press.

Spirtes, Peter, Glymour, Clark & Scheines, Richard (1993), *Causation, Prediction, and Search*, New York: Springer-Verlag.

Stalnaker, Robert (1968), "A Theory of Conditionals," in Harper, W., Stalnaker, R. & Pearce, G. (eds.), *Ifs*, Dordrecht: Springer, pp. 41–55.

引用文獻

王鵬翔 (2019)，〈不作為因果判斷中的假設性思考問題〉，《歐美研究》，第 49 卷第 3 期，頁 287–340。

王鵬翔、王一奇 (2021)，〈寄生的反事實依賴與典型因果關係〉，《國立政治大學哲學學報》，第 45 期，頁 39–90。

黃仁宇（2007），《萬曆十五年》，食貨出版，頁 3。

簡資修 (2013)，〈過失責任作為私法自治的原則〉，發表於 2013 中國民法學會年會。

Beebee, Helen (2006), *Hume on Causation*, Oxford: Routledge.

Campbell, Thomas & Campbell, Colin (2004), *The China Study*, BenBella Books.

Dworkin, Ronald (1973), "The Original Position," *University of Chicago Law Review*, 40 (3), 500–533.

Feynman, Richard (1970), *The Feynman Lectures on Physics, 3 Volume Set*, Addison Wesley Longman.

Greenland, Sander & Robins, James (1986), "Identifiability, Exchangeability, and Epidemiological Confounding," *International Journal of Epidemiology*, 15 (3), 413–419.

Greenland, Sander, Pearl, Judea & Robins, James (1999), "Causal Diagrams for Epidemiologic Research," *Epidemiology*, 10 (1), 37–48.

Hardin, Garrett (1968), "The Tragedy of the Commons," *Science*, 162 (3859), 1243–1248.

Harari, Yuval (2015), "Sapiens: A Brief History of Humankind," *Harper*.

Hitchcock, Christopher (2007), "Prevention, Preemption, and the Principle of Sufficient Reason," *The Philosophical Review*, 116 (4), 495–532.

Hitchcock, Christopher (2018), "Causal Models," *The Stanford Encyclopedia of Philosophy* (Summer 2020 Edition), Edward N. Zalta (ed.), URL = <https://plato.stanford.edu/archives/sum2020/entries/causal-models/>.

Hume, David (1748), *An Enquiry Concerning Human Understanding*. 引文取自 Hume, David (Author) & Peter Millican (Editor), (2008), *An Enquiry Concerning Human Understanding, underlining edition*, Oxford University Press.

Kiiveri, Harri & Speed, T. P. (1982), "Structural Analysis of Multivariate Data: A Review," *Sociological Methodology*, 13, 209–289.

Kuhn, Thomas (1962), *The Structure of Scientific Revolutions*, University of Chicago Press.

Lewis, David (1973a), *Counterfactuals*, Harvard University Press.

Lewis, David (1973b), "Causation," *Journal of Philosophy*, 70 (17), 556–567.

Lewis, David (1979), "Counterfactual Dependence and Time's Arrow," *Noûs*, 13 (4), 455–476.

Mach, Ernest (1883), *Die Mechanik in ihrer Entwickelung*, Leipzig: F. A. Brockhaus. 引文取自 T. J. McCormack (trans.), (1943), *The Science of Mechanics: A Critical and Historical Account of Its Development*, La Salle, IL: Open Court.

Maldonado, George & Greenland, Sander (2002), "Estimating Causal Effects," *International Journal of Epidemiology*, 31 (2), 422–429.

Messerli, Franz (2012), "Chocolate Consumption, Cognitive Function, and Nobel Laureates," *The New England Journal of Medicine*, 367 (16), 1562–1564.

Morgan, Stephen & Winship, Christopher (2015), *Counterfactuals and Causal Inference Methods and Principles for Social Research, 2nd Edition*, Cambridge University Press.

Pearl, Judea (1993), "Comment: Graphical Models, Causality and Intervention," *Statistical Science*, 8 (3), 266–269.

Pearl, Judea (1995), "Causal Diagrams for Empirical Research," *Biometrika*, 82 (4), 669–710.

Pearl, Judea (2000), *Causality: Models, Reasoning and Inference*,

Cambridge University Press.

Pearl, Judea (2009), *Causality: Models, Reasoning and Inference, 2nd edition*, Cambridge University Press.

Pearl, Judea, Glymour, Madelyn & Jewell, Nicholas (2016), *Causal Inference in Statistics: A Primer*, Wiley.

Pearl, Judea & Mackenzie, Dana (2018), *The Book of Why: The New Science of Cause and Effect*, Basic Books.

Read, Rupert & Richman, Kenneth A. (2000), *The New Hume Debate (revised edition)*, Oxford: Routledge.

Reichenbach, Hans (1956), *The Direction of Time*, Los Angeles: University of California Press.

Rothman, Kenneth (1976), "Causes," *American Journal of Epidemiology*, 104 (6), 587–592.

Rubin, Donald (1974), "Estimating Causal Effects of Treatments in Randomized and Nonrandomized Studies," *Journal of Educational Psychology*, 1974, 66 (5), 688–701.

Russell, Bertrand (1913), "On the Notion of Cause," *Proceedings of the Aristotelian Society*, 13 (1), 1–26.

Savage, Leonard (1954), *The Foundations of Statistics*, New York: John Wiley and Sons.

Schaffer, Jonathan (2005), "Contrastive Causation," *Philosophical Review*, 114 (3), 327–358.

Schaffer, Jonathan (2010), "Contrastive Causation in the Law," *Legal Theory*, 16 (4), 259–297.

Sung, Tzu-I, Chen, Mu-Jean & Su, Huey-Jen (2013), "A Positive Relationship between Ambient Temperature and Bipolar Disorder Identified Using a National Cohort of Psychiatric Inpatients," *Social Psychiatry and Psychiatric Epidemiology*, 48(2), 295–302.

Steel, Daniel (2007), *Across the Boundaries: Extrapolation in Biology and Social Science*, Oxford University Press.

Wang, Linton & Ma, Wei-Fen (2014), "Comparative Syllogism and Counterfactual Knowledge," *Synthese*, 191 (6), 1327–1348.

Woodward, James (2011), "Mechanisms revisited," *Synthese*, 183(3), 409–427.

Woodward, James & Hitchcock, Christopher (2003), "Explanatory Generalizations, Part I: A Counterfactual Account," *Noûs*, 37 (1), 1–24.

蠻子、漢人與羌族

王明珂／著

夾在漢、藏之間的川西岷江上游，有一群人世代生息在這高山深谷中，他們都有三種身分：他們自稱「爾瑪」，但被上游的村寨人群稱作「漢人」、被下游的人們稱作「蠻子」。本書以當地居民的觀點，帶您看他們所反映出「族群認同」與「歷史」的建構過程。

粥的歷史

陳元朋／著

一碗粥，可能是都會男女的時髦夜點，也可能是異國遊子的依依鄉愁；可以讓窮人裹腹、豪門鬥富，也可以是文人的清雅珍味、養生良品。一碗粥裡面有多少的歷史？喝粥，純粹是為口腹之慾，或是文化的投射？粥之清是味道上的淡薄，還是心境上的淡泊？吃粥的養生之道何在？看小小一碗粥裡藏有多大的學問。

慈悲清淨——佛教與中古社會生活

劉淑芬／著

本書描繪中國中古時期（三至十世紀）在佛教強烈影響之下，人民生活的各個層面。雖然佛教對日常生活有相當的制約，但佛教寺院和節日，也是當時人們最重要的節慶和娛樂。佛教的福田思想，更使朝廷將官方救濟貧病的社會工作委託寺院與僧人經營。本書將帶您走入中古社會的佛教世界，探訪這一道當時百姓心中的聖潔曙光。

公主之死——你所不知道的中國法律史
李貞德／著

丈夫不忠、家庭暴力、流產傷逝——這是西元第六世紀一位鮮卑公主的故事。有人怪她自作自受，有人為她打抱不平；有人以三從四德的倫理定位她的角色，有人以姊妹情誼的心思為她伸張正義。他們都訴諸法律，但影響法律的因素太多，不是人人都掌握得了。在高舉兩性平權的今日，且讓我們看看千百年來，女性的境遇與努力。

奢侈的女人——
明清時期江南婦女的消費文化
巫仁恕／著

明清時期的江南婦女，經濟能力大為提升，生活不再只是柴米油鹽，開始追求起時尚品味。要穿最流行華麗的服裝，要吃最精緻可口的美食，要遊山玩水。本書帶您瞧瞧她們究竟過著怎樣的生活？

救命——明清中國的醫生與病人
涂豐恩／著

在三百年前，人們同樣遭受著生老病死的折磨。不同的是，在那裡，醫生這個職業缺乏權威，醫生為了看病必須四處奔波，醫生得面對著各種挑戰與詰問。這是由一群醫生與病人共同交織出的歷史，關於他們之間的信任或不信任，他們彼此的互動、協商與衝突。

國家圖書館出版品預行編目資料

獅頭人身、毒蘋果與變化球：因果大革命／王一奇
著.——初版一刷.——臺北市：三民，2021
面；　公分.——（文明叢書）

ISBN 978-957-14-7254-6　（平裝）
1. 因果 2. 人生哲學

168.7　　　　　　　　　　　　110012366

獅頭人身、毒蘋果與變化球——因果大革命

作　　　者	王一奇
總 策 畫	杜正勝
執行編委	鄧育仁
編輯委員	王汎森　呂妙芬　李建民
	林富士　陳正國　張　珣
	單德興　鄭毓瑜　謝國興
責任編輯	王敏安
美術編輯	許瀞文
發 行 人	劉振強
出 版 者	三民書局股份有限公司
地　　　址	臺北市復興北路 386 號 (復北門市)
	臺北市重慶南路一段 61 號 (重南門市)
電　　　話	(02)25006600
網　　　址	三民網路書店 https://www.sanmin.com.tw
出版日期	初版一刷 2021 年 11 月
書籍編號	S600420
I S B N	978-957-14-7254-6

三民書局

情義與愛情——亞瑟王朝的傳奇

蘇其康／著

魔法師梅林、哈利波特的魔法世界、魔戒裡的精靈族、好萊塢英雄系列電影、英國的紳士風度，亞瑟王傳奇一千多年來啟發無數精彩創作，甚至對歐洲的社會文化造成影響。然而，亞瑟王來自何處？歷史上真有其人嗎？讀過亞瑟王，才能真正了解西方重要的精神價值，體會更多奇幻背後的文化底蘊！